教师视角下的小学识字教学的方法与实践性研究

娄桂香　著

吉林出版集团股份有限公司 | 全国百佳图书出版单位

图书在版编目(CIP)数据

教师视角下的小学识字教学的方法与实践性研究 /
娄桂香著. — 长春：吉林出版集团股份有限公司，
2023.7

ISBN 978-7-5731-3967-2

Ⅰ. ①教… Ⅱ. ①娄… Ⅲ. ①识字课－教学研究－小
学 Ⅳ. ①G623.222

中国国家版本馆 CIP 数据核字(2023)第 131823 号

教师视角下的小学识字教学的方法与实践性研究

JIAOSHI SHIJIAO XIA DE XIAOXUE SHIZI JIAOXUE DE FANGFA YU SHIJIANXING YANJIU

著　　者：娄桂香

出 版 人：吴　强

责任编辑：蔡宏浩

开　　本：787mm×1092mm　1/16

字　　数：150 千字

印　　张：9.5

版　　次：2023 年 7 月第 1 次

印　　次：2023 年 9 月第 1 版印刷

出　　版：吉林出版集团股份有限公司

发　　行：吉林音像出版社有限责任公司

地　　址：吉林省长春市南关区福祉大路 5788 号

电　　话：0431－81629679

印　　刷：吉林省信诚印刷有限公司

ISBN 978-7-5731-3967-2　　　　　　　　定　价：50.00 元

前　　言

　　识字教学就是要把汉字的工具性、文化性和艺术性全方位地传递给孩子们,培养他们热爱祖国语言文字的情感,让他们喜欢汉字,有主动识字、写字的愿望,以及养成主动识字的习惯,让他们感受到汉字的巨大魅力。

　　在小学语文教学中,识字教学占据重要的地位,对小学生后续学习的影响至关重要,而且语文教学大纲也对小学生的识字量做了明确的要求。因此,小学语文教师要重视识字教学工作。但是从小学生身心发展特点和认知规律来看,传统的教学方式难以激发他们的学习兴趣,调动他们识字的积极性。因此,本书从教师角度运用字理识字法展开教学,让识字教学变得形象生动,符合学生认知特点,从而提升教学质量。

　　本书共分为五章。第一章阐述了汉字的起源与发展;第二章阐述了小学识字教学中汉字文化蕴涵的融入;第三章阐述了小学识字教学中的字理教学法;第四章阐述了教师视角下的识字教学案例分析;第五章阐述了教师视角下的常用字识字教学实践。

　　在撰写本书的过程中,参考、引用了一些专家和学者的研究成果,在此一并感谢。由于作者的水平有限,研究尚不深入,再加之时间仓促,难免存在疏漏和不足之处,恳请读者批评指正。

作　者

2023 年 2 月

目 录

第一章 "识"汉字

本章从世界文字起源的一般规律出发，从文献和考古两方面阐述汉字产生的大致时间与地点，说明汉字直接起源于图画。汉字因结构等不同的特点，分为不同的门类，这就是众所周知的"六书"。汉字在六千多年的发展过程中经历了甲骨文、金文、小篆、隶书、楷书阶段，其总的发展趋势是从图画式的象形符号向笔画式的抽象符号转变。汉字特有的形体构造和表意性决定了汉字蕴涵着丰富的物质文化和精神文化信息，并据此形成了汉字在使用过程中所独有的文化现象——汉字修辞。

第一节 汉字的起源

汉字是记录汉语、传承民族文化的书写符号系统。它的产生标志着中国进入文明时代，它书写了中国几千年的文明史，负载了光辉灿烂的中华文化。汉字与古埃及的圣书字、两河流域苏美尔人的楔形字，被看作是人类历史上最早出现的三种文字。圣书字和楔形字很早就消亡了，而汉字至今仍然是世界上使用人口最多的一种文字。让我们乘上时光之舟，循着汉字的波痕，去追溯它的源头吧。

一、世界文字的由来

汉字是世界文字之林中的常青树，它的起源应该符合世界文字起源的一般规律，同时又有自己的独特之处。从世界范围看，关于文字起源的直接证据并不充足，后人只能通过一些古籍记载和考古发现来进行合乎逻辑的推测，建立起关于文字起源的假说。要说明一种文字的起源，也就是要回答三个问题：文字是在何时、何地、如何起源的。

从已知的世界上最古老的三种文字——甲骨文、圣书字、楔形字（见图1-1）来看，一种文字总是在其民族从蒙昧时代走向文明时代的转折点上产生的。有了文字，人们可以总结生产经验，发展科学技术，创造民族文化，才能迈进更高级的社会。如果说火的发明与工具的制造在原始人与普通生物之间划了第一条界限的话，那么，文字的发明则在文明人与野蛮人之间划了第二条界限。

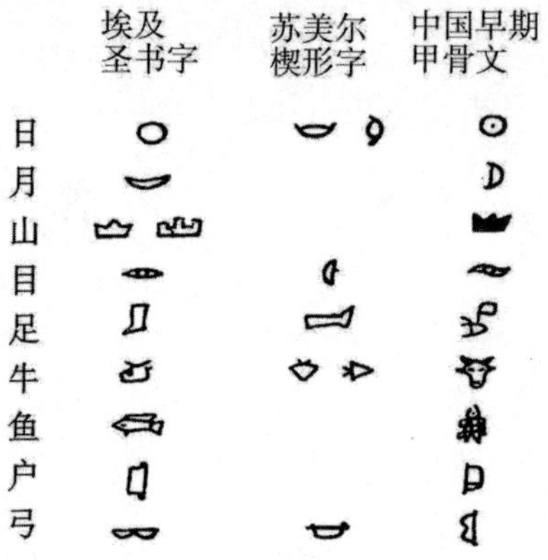

人类文明大都起源于大河流域，因为充足的水源和动植物为人类的生存提供了可能的生态条件。尼罗河孕育了古埃及文明，幼发拉底河和底格里斯河哺育了古美索不达米亚文明（也称为两河流域文明），黄河孕育中国文明的摇篮。

图 1-1

世界上最早的文字都是象形文字，由此可以推断出文字脱胎于图画。从历史发展的轨迹上看，文字的产生经历了一个十分漫长的积累的过程。

从世界范围内来说，文字在正式产生之前，有一批可以书写、可以传递、可以用来演变成字符的图画或符号，作为文字的"等价物"，也就是普遍存在一个"前文字"阶段，文字才有可能产生。人类社会发展到一定程度，异地交往扩大，异时记忆增加，口头语言的局限日益明显，这时，首先可以用来传递信息的是具有记号性的实物。结绳和契刻这两种记事方法几乎遍及各个大陆。结绳记事的具体方法，目前文献记载不多。中国的少数民族和国外的一些民族至今仍有采用结绳法来帮助记忆事情的现象，其用途也是多种多样的。一般认为，结绳最初用来记数，进而表示事物的性质，结绳只是用来帮助记忆。作为原始的记事方法的结绳记事，不论它用一根绳子打结，还是用多根绳子横竖交叉，归根结底，它只是一种表示和记录数字或方位的一些简单方法，是一种表意形式，可以把它看成是文字产生前的一个孕育阶段，但它不能演变成文字，更不是文字的产生。因为它只能帮助人们记忆某些事情，而不能进行思想交流，不具备语言交流和记录的属性。因此，结绳记事不可能发展为文字①。

契刻的目的主要是用来记录数目。人们订立契约关系时，数目是最重要的，也是最容易引起争端的因素，于是人们就用契刻的方法，用一定的线条作为数目的符号，刻在竹片或木片上，作为双方的契约。这就是古时的契。后来人们把契从中间分开，分作两半，双方各执一半，以二者吻合作为凭证。这种方式仍是帮助记忆，却可能是最早的文字书写形式之一。这种刻在陶器或木片上的用来传递某种信息的符号，有可能逐渐演化为文字。

在人们发明结绳、契刻等帮助记忆之后，人们又创造了画画的方式。图画不仅可以帮助记忆，而且在一定程度上可以帮助交流思想。在世界各地发现的大量原始壁画，无不记载着原始人的生活情景、宗教信仰和对世界的认识。随着时间的推移，这样的图画越来越多，所画的也不那么逼真了。这样的图画逐渐向文字方向偏移，最终导致文字从图画中分离出来。这样，图画就分了家，分成原有的逼真的图画和变成文字符号的图画文字。不过，图画毕竟不同于文字，它与文字之间有着本质的区别，其间隔着一条深深的鸿沟。大量研究表明，图画文字是从图画到文字的演化过程中的一个非常重要的阶段。它是用图画的形式记录下人类所要表达的语言，而又不像原始岩画那样细致而逼真。图画文字并不是真正的文字，它的个体图形和符号不能和语言的词语完全对应起来，但它的记忆性能、以事物形象代表事物本身的方法，可能启发、诱导了真正文字的产生。可以这样说，图画文字很可能是文字的直接源头。

图画文字孕育了原始文字的雏形，正如唐兰在《中国文字学》中所说："文字本于图画，最初的文字是可以读出来的图画，但图画却不一定都能读。后来，文字跟图画渐渐分歧，差别逐渐显著，文字不再是图画的，而是书写的。而书写的技术不需要逼真的描绘，只要把特点写出来，大致不错，使人能认识就够了。"这就是后来逐渐出现的、初期的象形文字。

因此，我们今天所能见到的最早的文字都是象形文字。从结绳到文字的出现，这中间的过程是十分漫长的。只有到了原始标记符号脱离了任意绘制、任意理解的阶段，产生了一批具有约定意义的并有固定的读音、可以记录语言中的词的单字，文字才算是真正产生。

---

① 李梵. 汉字的故事[M]. 陕西：陕西师范大学出版社，2009：21-22.

二、汉字起源的传说与发现

在中原这片丰沃的土地上，我们的祖先以充满好奇的目光打量着日月和星辰、森林和河流、百兽和群鸟，冥思苦想，试图用符号把它们一一表达，他们所创造的汉字，成为世界上使用历史最长的文字。

汉字最早出现在黄河流域，产生于黄帝时期，其经历了漫长的"前文字"阶段，最早形成的文字是象形文字。要支持汉字起源这种假说，也需要古籍记载和考古材料两方面的证据。

（一）传说记载

迄今为止，我们所能看到的有关汉字起源的文献记载，最早来自先秦典籍，大都带有神话色彩，我们可以从中窥见远古时代的某些历史事实，其中最值得注意的是结绳说和仓颉造字说。

从我们能见到的文献记载看，中国也有过结绳和契刻记事的阶段。《易经·系辞下》："上古结绳而治，后世圣人易之以书契，百官以治，万民以察。"意思是说，上古时代没有文字，人们结绳记事，治理天下，后来有杰出的人物发明了文字来代替结绳记事，官员用书契来治理政事，百姓用书契来知晓事理。这里的"书契"就是指用刀刻在木片上的类似文字的刻符。《庄子·胠箧篇》中也说："昔者容成氏、大庭氏、伯皇氏、中央氏、栗陆氏、骊畜氏、轩辕氏、赫胥氏、尊庐氏、祝融氏、伏羲氏、神农氏，当是时也，民结绳而用之。""容成氏……神农氏"都是传说中的古代帝王或部落首领，在他们所处的上古时代，百姓都是把结绳当作记事的方法。从中我们可以看出，神农氏时期可能是结绳记事的最后阶段。《周易正义》引《虞郑九家易》说："古者无文字，其有约誓之事，事大大结其绳，事小小结其绳，结之多少，随物众寡；各执以相考，亦足以相治也。"大约记叙了结绳的具体方法。尤其引起人们注意的是《北史·魏本纪第一》的记载："魏之先祖，出自黄帝轩辕氏，黄帝子曰昌意，昌意之少子受封北国，有大鲜卑山，因以为号。其后世为君长，统幽都之北，广漠之野。畜牧迁徙，射猎为业，淳朴为俗，简易为化，不为文字，刻木结绳而已。"这段文字告诉我们，鲜卑族的祖先是黄帝之子昌意，他的后人以畜牧射猎为生，过着纯朴而封闭的生活，在北魏时期仍在结绳记事，这种方法应该是黄帝时期的祖先昌意传给他们的，这是黄帝时期先民使用结绳记事的有价值的佐证①。汉字起源于结绳说，不仅有史料记载，还有后世民俗资料的佐证。

相对于结绳记事说，在中国古代流传更广的则是带有神秘色彩的仓颉造字说。其最早见于《吕氏春秋·君守》："奚仲作车，仓颉作书，后稷作稼，皋陶作刑，昆吾作陶，夏鲧作城。此六人者，所作当矣。"这里明确谈到了我国上古时期的六项发明：奚仲创造了车子，仓颉创造了文字，后稷发明了种庄稼，皋陶制定了刑法，昆吾创造了陶器，夏鲧发明了筑城。到了秦汉时代，仓颉造字说流传更广。东汉的许慎在《说文解字·叙》中说："及神农氏结绳为治而统其事，庶业其繁，饰伪萌生，黄帝之史仓颉，见鸟兽蹄迒之迹，知分理之可相别异也，初造书契。"许慎认为，在神农氏时代，使用结绳记事的办法治理社会，管理当时的事务，但后来社会上的行业和杂事日益繁多，掩饰作伪的事也发生了。黄帝时期的史官仓颉看到鸟兽的足迹，悟出纹理有别而鸟兽可辨，因而开始创造文字。汉字的产生标志着中国历史向前发展了一大步。

文字产生在国家形成的过程中，首先是政事往来的需要，所以，汉字形成过程中起主要作用的应该是与文字有密切关系的史官。史官书写、收藏簿书，直接接触并大量使用文字，因此得以对群众中自发产生的字符加以整理。鲁迅在《门外文谈》中形象而通俗地说明了这一点："但在社会里，仓颉也不止一个，有的在刀柄上刻一点图，有的在门户上画一些画，心心相印，口口相传，文字就多起来，史官一采集，便可以敷衍记事了。中国文字的由来，恐怕逃不出这例子的。"②可以看出，仓颉是一个因为集中使用文字而摸索出它们的正确规律，从而整理了文字的专家，在汉字从原始文字过渡为较为规范的文字体系的过程中，起到了独特的作用。

（二）考古发现

近几十年来，中国考古界先后发现了一系列较殷墟甲骨文更早、与汉字起源有关的出土资料。这些资料主要是原始社会晚期及有史社会早期出现在陶器上面的刻画或彩绘符号，另外还包括少量刻写在甲骨、玉器、石器等上面的符号。可以说，它们为解释汉字的起源提供了新的依据。

根据仰韶文化陕西半坡遗址等新石器时代陶片上的刻画符号考察推断，我们可以发

---

① 王继洪. 汉字文化学概论[M]. 北京：学林出版社，2006：30-31.
② 鲁迅. 门外文谈：鲁迅全集（第6卷）[M]. 北京：人民文学出版社，1980：87-88.

现，这些陶片上的刻画符号当是汉字的一种雏形。换言之，汉字的起源可上溯到仰韶文化陶器刻画符号。那些刻画符号，可以肯定地说，就是中国文字的起源，或者说是中国原始文字的孑遗。从这些刻画符号看：第一，它们都是单个的独立体；第二，有类似笔画的结构；第三，它们尽管都是草率急需的，但已经具备了汉字的雏形。这些无疑是具有文字性质的符号，各有一定的含义和相对固定的形状，具备了文字的部分因素，但刻画符号没有读音，还不能算作文字，它的进一步发展才是最初的中国文字。

继仰韶半坡陶器刻画符号之后，在仰韶文化晚期和龙山文化早期遗址中发现了比半坡刻画符号更具有文字性质的文字。在山东莒县大汶口文化遗址出土的陶尊上发现的四个刻画符号（见图1-2），它们很像原始象形文字，唐兰先生把其中的1、3、4分别释为"炅（jiǒng）、戉、斤"，于省吾先生把其中的2释为原始的"旦"字。大汶口文化的文物遗存，距今四千多年，相当于我国的夏王朝时期。这一切都表明，到了大汶口文化晚期，其象形文字已经达到了比较成熟的阶段。

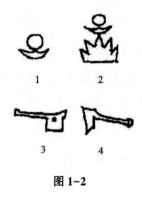

图1-2

在黄河上游地区发现的马家窑文化中彩色的彩陶器上的精美花纹，象形表意的色彩更为明显，已经接近后来的文字了。

由于殷代中期以后的铜器铭文和甲骨文中存在大量的象形文字，它们很像原始刻画，因此学术界比较一致的看法是，绝大部分汉字是从原始刻画发展演变而来的。可以这样推断，汉字最早起源于新石器时代的中期。

考古科学的种种发现，愈来愈多地证明汉字是广大劳动人民的创造成果。中国古代劳动人民在长期的劳动生活中，使汉字从无到有，从少到多，从多头尝试到约定俗成，不断地孕育、创造、选炼、发展。

第二节　汉字的内部结构

汉字在它漫长的发生发展过程中，逐渐形成了庞大的文字体系。其二维平面的造型、形象的表意性、众所周知的"六书"，使汉字散发出独具魅力的迷人光彩。

一、"六书"的由来

"六书"一词,早在春秋战国时期即已流传。最早提到"六书"的古籍,是《周礼·地官·保氏》:"保氏掌谏王恶,而养国子以道,乃教之六艺:一曰五礼,二曰六乐,三曰五射,四曰五驭,五曰六书,六曰九数。"这段话告诉我们:周代时,贵族子弟在学校要学习六门功课,即礼、乐、射、驭(御)、书、数这"六艺"。"书"即指"六书",是这六门功课中的一门,在当时相当于识字课,即向小学生讲授已造之字的形体结构及读音、含义,帮助小学生识字。

到了汉代,有三位学者对"六书"的名称进行了解说。第一个是班固,他在《汉书·艺文志》中指出:"古者八岁入小学。故周官保氏掌养国子,教之六书,谓象形、象事、象意、象声、转注、假借,造字之本也。"第二个是郑众,据郑玄《周礼注》所引,郑众认为:"六书,象形、会意、转注、处事、假借、谐声也。"第三个是许慎,他在《说文解字·叙》中不仅指出"六书"的名称,而且分别给它们下了定义。他说:"周礼八岁入小学,保氏教国子,先以六书。一曰指事,指事者,视而可识,察而见意,'上、下'是也。二曰象形,象形者,画成其物,随体诘诎,'日、月'是也。三曰形声,形声者,以事为名,取譬相成,'江、河'是也。四曰会意,会意者,比类合谊,以见指挠,'武、信'是也。五曰转注,转注者,建类一首,同意相受,'考、老'是也。六曰假借,假借者,本无其字,依声托事,'令、长'是也。"

班固、郑众、许慎三人对"六书"名称的解说,虽有差异,但基本上是一致的。清代以后,人们对于"六书"的名称,一般采用许慎的说法,而对于"六书"的排列次序,则采用班固的说法。这样,对"六书"的名称和次序,人们就形成了比较固定的说法,即象形、指事、会意、形声、转注、假借。

其中,许慎可谓建立"六书"说的功臣。他以"六书"为指导,剖析了近万个汉字的音、形、义,写成了我国汉字史上第一部汉字研究巨著——《说文解字》。他总结和发展了前代的"六书"理论,不但列了名目,而且规定了界说,举出了例字。《汉书·艺文志》把"六书"看成是"造字之本",即造字的根本之法,其实,"六书"是后人在分析了相当数量的已成之字的基础上所归纳出来的理论。"六书"的创立,使人们对千差万别的字形结构有了规律性的认识,对文字学的发展产生了巨大的影响。作为"六书"名称的象形、指事、会意、形声、假借等术语,直到今天人们仍在使用。

二、"六书"探秘

许慎在《说文解字·叙》中对"六书"所下的定义，奠定了分析汉字形体的理论基础，成为阐释汉字形体特点的一把钥匙。

（一）象形

许慎说："象形者，画成其物，随体诘诎，'日、月'是也。""象形"二字，是动宾关系，"象"是"模拟""描摹"之义，"形"是外界物体的形态、形象。"画成其物"指"描摹外物形象"，"诘诎"是"曲折""屈曲"之义。许慎的意思是：象形就是描画那个外界物体，笔画线条随着它的形体而曲折变化，"日""月"二字就是象形字。象形的特点就是字形按它所表示的客观物体的外形画出来，以富有真实感的图像来表达词义，所记录的词一般都是名词。象形字来源久远，成为最早的汉字结构类型。

象形有两种情况：一种是独体象形；另一种是合体象形。

独体象形字占绝对多数，它们是完整、单独的形体结构，不可以拆开来分析。例如，"鸟""鱼""马""鹿""目""牛""羊"等字，都是用一个完整的形体摹绘出事物的轮廓。

合体象形字很少，它们是在独体象形字的基础上，附加背景，用相邻近、相关联的事物加以烘托、陪衬，表示物体的某一组成部分。例如："果"的下部是个"木"字，上部画了几个果子的图形，表示它是长在树上的果实；"页"的下部是个"人"形，上部画了个头部的轮廓，表示它是人的头部；"瓜"的上部是"瓜蔓"形，下部画了个瓜的图形，表示它是长在瓜蔓下面的果实。

凡属象形字，不论是独体象形字还是合体象形字，都有着共同的特征。（1）简约性。除了早期象形字以外，多数象形字是简约的，因为书写要求简便，交际讲究效率，文字不是作画，不必工笔细描、面面俱到，如"页""瓜""果"。（2）典型性。形体捕捉词所概括事物的形象特征，赖以区别其他对象，如"鸟""鱼""目"。（3）可以是整体象形，如"鹿""马"，也可以是表现事物本质特征的局部象形，即以局部代整体，如"牛""羊"。

象形字是汉字的构成基础，是创制成千上万个会意字、形声字以及部分指事字的基本要素。

（二）指事

许慎说："指事者，视而可识，察而见意，'上、下'是也。""指事"二字，是动宾关系，"指"是"指明""指出"之义，"事"表示具体的含义，"指事"即是"指明具体含义所在"。"视"是看的意思，"识"表示认识、识得，"察"表示仔细审察、细致察看，"见"表示"看出""领会"之义。许慎的意思是：指事就是人们一看到所造的字的形体就能识得，经过仔细辨认审察，就能看出或领悟到它的意义，"上""下"二字就是指事字。许慎这几句话，是从人的认识的两个阶段来说的："视而可识"是感性认识阶段，强调对字的外部形体的感知；"察而见意"是理性认识阶段，强调对字的意义内涵的领会。指事的特点，是以象形或象征的手段来表示比较抽象的概念。

指事在具体运用中有两种情况：一种是在象形字上添加抽象的标记符号造字；另一种是用纯粹的抽象符号造字。

在象形字上添加抽象符号的指事字比较容易理解。如："亦"(腋)字，是在"大"(不是"大小之大"，为"人"形)字的两侧加两点，表示"腋下"之义；"寸"字是在"又"(本义为"右手")字下面加一点，表示靠近手腕的"寸口"之义；"本"字是在"木"字下加一笔，表示树根之义；"末"字在"木"字上加一笔，表示树梢之义；"朱"字是在"木"字中加一笔，表示本指赤心木；"甘"字是在"口"中加一横，表示食物在口中很甘甜。

用纯粹抽象符号表示的指事字，理解起来比较困难。例如，"上"字的篆文字形，是在一长横上面加一短横，表示甲物在乙物之上；"下"字则是在一长横下面加一短横，表示乙物在甲物之下。又如，"一""二""三""四"(甲骨文"四"是在"三"字下面再加一横)等字，也都是纯粹符号性的指事字。这类字不以象形为基础，而用纯粹的抽象符号构成，不代表任何具体事物，这类字在汉字中为数很少。

前一种指事字，虽然带有抽象符号，但从整体上来看，它们仍然以象形为主；后一种指事字，从本质上来说，也是人们把外物之形在头脑中抽象化之后描摹出来的形象，如"上""下"二字中的长横、短横，泛指任何具体事物。因此，清代文字学家段玉裁在《说文解字注》中指出："指事亦得称象形。"清代文字学家王筠在《说文释例》中更是明确指出，指事字是"象人意中之形"，而象形字则是"象人目中之形"。以抽象符号表达语言中的词有很大的局限性，所以在《说文解字》中指事字最少，以象形字为基础的加体指事字相对较多，以纯粹的抽象符号构成的字较少。指事字也是会意字、形声字的构成要素，是汉字孳乳发展的重要基础之一。

（三）会意

许慎说："会意者，比类合谊，以见指挥，'武、信'是也。""会意"二字是动宾关系，

"会"是"会合""汇合"之义，"意"指字的含义，"会意"即是会合两个或几个字的含义，以成一字之义。"比"是并放、紧挨、紧靠的意思；"类"即字类，这里指两个或几个字形；"谊"在这里相当于"义"，是含义的意思；"以"，用以，用来；"见"，即显现、显露；"指扬"，义同"指挥"，这里表示所指向的新意义。许慎的意思是：会意就是把有关联的两个或几个字形放到一起组成新的字形，会合它们的含义以成新字的字义，用来显示造字者所想要指明的意义，"武""信"二字就是会意字。

有一则笑话，形象地说明了会意字的特点：

有个秀才，家里一贫如洗，他思来想去，找不出原因。一天，他看着院中一棵槐树，似有所悟："四四方方一个院子，里面长着一棵树，这不是困难的'困'字吗？难怪我这样贫困潦倒。"他叫来儿子，要他赶快把树砍了。儿子看那棵树根深叶茂，不忍心砍掉，却又拗不过父亲。当他举起斧头要砍时，忽然心生一计，赶忙对父亲说："砍了树，我们人还在院子里，不成了囚犯的'囚'字吗？那就更不吉利了。"

"困"和"囚"都是会意字。"困"由"口"和"木"两个象形偏旁组成，"口"是围墙，"木"是树，整个字表示树木被围墙包围着，不得伸展，后来引申为穷困、困难等；"囚"表示人被拘禁在围墙里。会意字一般是由两个或两个以上表意符号组成的复合体，显示出新造字所要表达的词的意义，这是会意字在结构上与象形字、指事字相区别之处。会意字就其结构而言，有同体会意和异体会意两种情况。

1. 同体会意

这类字是由两个或两个以上相同的表意符号组合而成的。如：

从，像一人跟在另一人后面，以此表示"跟从"义。

北，像两人相背，以此表示"背离"义。

轰（轟），，《说文解字》解释为"群车声也"，像众车运行时发出的轰隆声。

友，由两个"又"（右手）组成，表示双方友好。

并，由两个"人"组成，表示两人并排站着。

棘，由两个"朿"（即古"刺"字）组成，义为"小枣丛生者"（"棘"树有刺，故从

"束")。

2. 异体会意

这类字是由两个或两个以上不同的表意符号组合而成的。如：

即，像人走近盛食物的器皿前就餐，以此表示"走近""接近"义。

既，像人用完餐转身离开，以表示动作或过程的完结。

看，由"手"和"目"组成，用"手"搭在额头为"目"遮阳，是常见的远望动作。

牧，甲骨文字形是一个人手持棒条(即"攴"字)赶牛，是"放牛""放牧"之义。

取，由"又""耳"组成，本指割取战俘左耳。

监(監)，，本义是一个人对着盛了水的"皿"看自己的形象，即"照镜子"。

莫，，甲骨文字形是太阳落到草丛里，本指傍晚。

会意字都是合体字，是由独体的象形字、指事字会合而成的。因此，"会意"的能产性较强，可以表示的范围较广。在《说文解字》中会意字共有 1 254 个(依据清人王筠《文字蒙求》的统计)。

(四) 形声

许慎说："形声者，以事为名，取譬相成，'江、河'是也。""声"指字的读音；"以"是介词，义为"用"；"事"指义类，即客观世界中的某种意义类别；"为"是"创造"的意思；"名"是"字"的别称；"譬"是"比喻""比况"，"取譬"指"取一个与新造字读音相同的字作譬"之义；"相成"是"促成其事"。许慎的意思是：形声就是用表示某种事物类别的字作为创造新字的意符，再取一个譬况新字读音的字作为声符来促成此事，造出新字，"江""河"二字就是形声字。因此，形声字都是音义结合的字。

形声字是在象形字、指事字、会意字的基础上产生的。形声字一定是合体字，由形旁和声旁组成。形旁即意符，通常表示一个形声字本义所属的意义范畴，表示大的义类概念，而不一定表示该形声字的确切含义。例如，以"水"为形旁的字，都与河流或流淌于河流之中的液体即通常的"水"的意义有关："江"是长江，"河"是黄河，"淮"是淮河，"洛"是洛河，"洪"是大水，"涓"是小流，"汪"是又深又广的水，"活"是水流之声，"波"是水涌流，"湍"是水在沙上急速流淌，"洞"是急速的水流，"浅"是水不深，"涅"是水中的黑泥。声旁即声符，表示一个形声字初造之时的读音。凡声旁相同的字，古代的读音都相同或相近。如"江""虹""空""缸""项""红""邛""肛""贡""杠"等字，都从"工"得声，古代音同或音近。

象形字、指事字、会意字都不带表音成分，声旁是形声字的标志，"声在何方"是辨析形声字的关键。形声字按形旁和声旁的组合结构，可分为八种类型：

左形右声，如"桐""湖""沐"；

右形左声，如"功""鸠""领"；

上形下声，如"笙""蕉""景"；

下形上声，如"裳""想""贷"；

外形内声，如"园""衷""围"；

内形外声，如"闷""辩""闻"；

形占一角，如"疆""载""岛"；

声占一角，如"旗""病""房"。

就某一个形声字来说，它的形旁和声旁的位置是相对固定的，如果任意调换位置，就会成为另一个字，或者造成错字。如：

吟—含　　晖—晕　　纹—絮

忡—忠　　怡—怠　　叨—召

多数形声字的形旁和声旁是完整的，形旁和声旁的功能是单一的。也有少数形声字或者形(声)旁不完整，或者声旁也表意。主要有如下几类。

(1)省形。所谓省形，就是由于求简或结构匀称的要求，而省去了形声字形旁的某一部分。如：

考，《说文解字》："老也。从老省，丏声。"省去了形旁中的"匕"。

屡，《说文解字》："履也。从履省，娄声。"省去了形旁中的"复"。

(2)省声。所谓省声，就是由于求简或结构匀称的要求，而省去了形声字声符的某一部分。如：

炭，《说文解字》："烧木余也。从火，岸省声。"声旁"岸"中省去了"干"。

疫，《说文解字》："民皆疾也。从、广，役省声。"声旁"役"中省去了"彳"。

（3）亦声。一般来说，形声字的声旁只是表音而不表意，形旁只表意而不表音。所谓亦声，是指某些形声字的声旁既表音又表意，这种形声字叫亦声字。如："贫"字，意为贫穷，即财物少，故"贝"为形旁，"分"为声旁（分与贫古音相近），但分贝就意味着财物少，故"分"亦表意，又如：

汲，《说文解字》："引水也。从水、及，及亦声。"

萍，《说文解字》："苹也。水草也。从水、苹，苹亦声。"

形声字中的这类情况，有人称之为"会意兼形声"，又有人称之为"形声兼会意"，这是分析者角度不同所致，实则是一回事。

象形字、指事字、会意字、形声字都可以用来作为形旁或声旁，创造新的形声字。正因为形声字的造字材料极其丰富，所以形声造字法的能产性最强。汉字80%以上都是形声字。

（五）转注

许慎说："转注者，建类一首，同意相受，'考、老'是也。"许氏的解说不很明确，而且除"考""老"之外，许氏在《说文解字》所释的字中并未指出哪些属于转注字，由此导致后人对转注的理解颇多分歧。现在学术界通常认为转注指的是文字滋生的一种方式，也就是说某一个字由于意义的变化或者由于方言的差异导致形体的变化。"建类一首"是说两个字（母字与子字）的部首相同，如"考"以"老"为部首；"同意相受"指两个字的意义有关系，同部字都接受了部首的意义，如"考""老"同义。总之，关于转注，我们只要认识到它不是对单个汉字形体结构的说明，而是字与字之间形义关系的一种类型就可以了，没有必要再去花费精力搞清它的真正含义。

（六）假借

许慎说："假借者，本无其字，依声托事，'令、长'是也。""假借"二字是并列关系，都是"借用"的意思。"托"是"寄托"之义，"事"指"意义"，即某个词的特定意义。许慎的意思是：假借就是语言中存在某一个词，但本来没有专门造一个记录它的字，于是就依照读音相同或相近的原则，把这个字的含义寄托在一个已有的音同或音近字身上，借用那个现成的字来记录这个词。"令""长"就是被借用的字。可见，假借的前提条件是"本无其字"，运用方法是"依声托事"。

假借即是一种借用现成字来记录别的字的方法，它并不能使汉字家族中增添新的成员，但它扩大了被借用之字的使用范围，使它们增加了记录语词的能力，使一个字发挥了两个字甚至几个字的作用，使我们不必为每个词专造一个字，因此，它造成了"一字多义"的现象，使文字数量的增长得到了节制。假借的原则是"依声"，即根据音同或音近的关系借用某字。因此，某字的本来意义与它被借用后所获得的假借意义之间没有任何联系。也就是说，某字的假借义与该字的字形结构无关。在古代汉语中，假借字是很多的，大量虚词是用假借字表示的。如：

然，是个形声字，本义是"燃烧"；被借为虚词用，可作代词、连词等。

之，是个指事字，本义是"往也"；被借为虚词用，可作代词、助词等。

其，是个象形字，本义是"簸箕"；被借为虚词用，可作代词、语气词等。

所，是个形声字，本义是"伐木声也"；被借为"处所"字，又借为虚词用。

夫，是个象形字，本义是"丈夫也"，即成年男子；被借为虚词用，可作语气词、代词等。

耳，是个象形字，本义是"耳朵"；被借为句末语气词。

戚，是个形声字，本义是"大斧"；被借为"亲戚"字。

衰，是个象形字，本义是"防雨的蓑衣"；被借为"衰微"字。

汉代以许慎为代表的古文经学家出于"通经致用"的目的，从分析大量汉字结构和用字现象中归纳出造字和用字的条例，创立了"六书"理论，这在当时确实是个创造，是文字研究史上的一座丰碑。"六书"理论的创立，把人们对字形的感性认识提高到了理性的高度，开辟了科学地分析汉字结构的途径。但由于汉代学者接触的是秦篆和六国文字，未见到甲骨文、金文，也由于时代和科学水平的局限，"六书"说并不完善，更不能完全搬来分析现代汉字的结构。

第三节　汉字的历史演变过程

汉字从形成体系发展到现在，已经有将近四千年的历史。在这漫长的历史长河中，随着社会的变迁和汉语的发展，作为记录汉语的汉字符号系统，从字符的构形到书写的体势，都发生过重大的变化，使汉字发展的历程呈现出明显的阶段性，让后人能一窥汉字一路走来的历史足迹。

一、甲骨文

甲骨文是现在能见到的最早的成批的汉字。甲骨文是刻在龟甲和兽骨（主要是牛的肩胛骨）上的，应用的年代主要是商代后期和周代前期，距今已有三千多年的历史。当时科学文化还很不发达，人们不理解各种自然现象和社会现象发生变化的原因，认为一切都是鬼神操纵着，祖先的灵魂可以预知未来，可以决定人们的命运，所以当时盛行占卜。商代统治者每遇畋猎、征伐、年景、生育、疾病等都要进行占卜，并把占卜结果记录下来。占卜的方法是在龟甲或兽骨的背面钻凿出一些小坑或小槽，然后用火烧灼小坑或小槽，使甲骨因受热而出现裂纹，这种裂纹就是兆，占卜者就根据兆来判断吉凶。管理占卜事物的人员，往往把占卜者、占卜事由、卜兆吉凶以至事后应验与否的情况，刻记在卜甲卜骨上。这就是我们所说的甲骨文。

甲骨文的内容是有关占卜的，所以又叫卜辞；文字是用刀刻写的，所以又叫刻辞；出土地在殷墟（今河南省安阳市小屯村），所以又叫殷墟文字。自公元前14世纪商王盘庚迁殷后至公元前11世纪商朝灭亡，殷一直是商朝的都城。

甲骨文是在1899年被偶然发现的。起初，小屯村民耕地时发现甲骨，以为是中药的龙骨，以很低的价钱卖给了药材店。1899年，北京的古董收藏家王懿荣得了疟疾，医生给他开的药方中有一味叫龙骨的中药。药买来后，他无意中发现龙骨上刻着好似篆文但又不认识的文字。他平素喜好金石学，对古文字有较深的造诣，马上意识到此龙骨绝非一般药材，于是开始寻踪收购。他的这一发现很快便受到学术界的重视，学者们迅速地对龙骨进行发掘和收集，最后终于考定它们原来是殷商时代的卜骨，其上的文字是比篆籀还要早的殷商文字。

经过发掘收集，出土的甲骨片已经达到15万片，但多为碎片，完整的龟甲和牛肩胛骨很少。甲骨片上发现甲骨文单字四千余个，已经辨识的有两千余字，公认千余字，不认识的多是人名、地名、族名等专名，所以甲骨文辞是可以识读的。从字体的数量和结构方式来看，甲骨文已经是一种经过长期发展的、很成熟的文字了。汉字的几种形体结构和应用方法，即所谓"六书"，在甲骨文中都具有了。从已识的甲骨文来看，它已经脱离了图画阶段而成为比较成熟的文字（少数甲骨上有文字与图画混用的情况）。它不仅可以记录名词，还可以记录动词、形容词、数词；它不仅可以记录一个个单词，还可以记录一句句完整的话；它不仅有大量的象形字和会意字，而且有一批形声字，假借字用得也很多；它不仅可以记录具体事物，而且可以记录抽象事物，表示语法关系；它已经是行文成行了，使得语意能够正确理解。总之，它已是能够成功地记录汉语的成系统的成熟文字了。不过，它还存在原始阶段的某些结构特点。

第一，以象形字为基础，带有较强的图画写实性。有的象形字就像一幅图画，形象逼真，一看就能知道它们所表示的事物，如"鸟""鹿""牛"等字形的直观性就很强。

第二，字形不稳定。甲骨文中的每个字，虽然都有基本的形态，但又有多种写法。如"牢"字，像牲圈，其内部或为牛，或为羊，或为马。一个字的方向和部位不确定，可以正写、反写、倒写、侧写，如"牡"字。笔道的多少和方向往往也不固定，如"家"字。

第三，异体字多。甲骨文中的许多字，繁体简体并存，有的差别还比较大，如"马"字和"渔"字。

第四，合文很多。在甲骨文中，一字一体、逐字排列的体制已基本形成，但也有不少例外。有时两三个字挤在一起，有时两个字共享一笔，这就是合文。

第五，笔画多为细瘦的直笔。由于甲骨文是用刀刻写在坚硬的甲骨上的，所以线条瘦硬，多为直笔，转弯的地方也都是硬角。如圆形的太阳"　"，有时被刻成四方形或五边形。

二、金文

金文是铸刻在青铜器上的文字。商周时期，王室和贵族使用的器皿和祭祀用的礼器多用青铜铸成。青铜是铜锡的合金，主要成分是铜，因铸造出来的器物呈青灰色，故被称为青铜。青铜当时称为"吉金"（优良的金属），铸刻在青铜器上的文字习称"吉金文字"，简称金文。青铜器中钟和鼎最有代表性，故前人把铸刻其上的文字又称为钟鼎文。

金文的发展，与青铜器的藏礼作用有着密切的关系。所谓藏礼，就是寓礼于器，是古代宗法礼制在青铜器上的物化。青铜器早在商代以前就出现了，当时主要是一些日用器具，其上也没有铭文。商代前期，个别青铜器上开始出现族徽性的单字。商代后期，青铜器的藏礼作用日益明显，一些经常用于祭祀宴享的青铜器被赋予了特殊的意义，青铜器的不同组合方式代表着不同的身份和等级，青铜器成了国家的象征、家族的荣耀。

在青铜器上铸文始于商代中期，盛于两周，延续至秦汉。目前出土的先秦青铜器，上面铸有铭文的有数千件之多，其时间跨越商周两代，一直延续到战国。金文单字总数有4000多个，其中2420个字已经考定辨识。金文延续的时间很长，但长篇铭文主要是西周和春秋时代的，因此，一般把金文看作是西周和春秋时代通用字体的代表。金文和甲骨文虽然属同一体系的文字，但与甲骨文比较，西周金文具有如下结构特点。

第一，象形程度很高，尤其是金文中有很多名词，象形程度极高。比如： （步），（象），（豕），等等。

第二，金文大部分是制作铜器时用模型浇铸成的，所以笔道比较粗犷，弯弯曲曲的笔道很多，转折的地方不少是圆的，甚至是充实的团块，而甲骨文是刀刻，一般将圆形改为方形，团块只勾勒轮廓。试比较：

金文： （日）　　　（丁）　　　（子）

甲骨文： 　　　　　　　　　　

第三，金文与甲骨文一样，形体不规范，同一个字有多个形体。比如：金文"鱼"字有

等形，后演变为 等。

第四，与甲骨文相比，金文书写款式比较规整，或正或反、或斜或倒的情况比起甲骨文来少得多了。

第五，形声字明显增多。如《说文解字》"走"部、"言"部、"衣"部的字，在甲骨文里很少或几乎没有，而金文却大量出现，并且多为形声字。形声字的大量增加，是汉字构形系统走向成熟的一个重要标志。

三、战国文字

战国文字的地域性差异虽然复杂，却具有一定的规律性，即距周王朝所在地越远，变化就越大。盘庚东迁之后，秦迁都于雍（今陕西凤翔附近），这里原是西周故地。秦迁来后，基本上继承了西周文化，在文字上也与西周金文一脉相承。当时的秦国相对比较落后，政治经济上都较为保守，文字方面也没有太大的改变，除了书写风格上渐趋规整匀称

之外，结构上的变化并不明显。而六国文字则变化巨大，与西周金文差距越来越大。所以，人们往往把战国文字分作两大派系，即秦系文字和六国文字。

六国文字是战国时期除秦以外的东方六国（齐、燕、赵、韩、魏、楚六个诸侯国）所使用的文字。六国文字歧异纷呈的特点，促进了后来秦朝对文字的统一和改革。

六国文字又称六国古文，《说文解字》中共收录六国古文 396 字，其主要来源是孔壁中的古文经。汉武帝（前 140—前 87）末年，鲁恭王要扩大他的宅第，在拆毁孔子的故宅时，于夹壁墙中发现了一批古书，有《尚书》《礼记》《论语》《孝经》等。这些书的用字与当时通用的隶书大不相同，汉朝人就认为这是最古的文字，称之为"古文"，将这批典籍称之为"古文经"。其实，这些书是战国时期抄录的，所用的字是战国时期齐鲁地区的文字。除《说文解字》外，战国时六国的铜器铭文，以及玺印、货币、兵器、简帛等也保留了六国文字。如曾侯乙墓出土的编钟上铭文；中山王墓出土的鼎和壶；西晋时在汲县魏襄王（或说魏安釐王）墓中发现大量竹简，上面写有文字，其中有《纪年》《穆天子传》等书。六国文字的重要资料还有魏三体石经。曹魏正始年间，用古文、小篆、隶书三种字体将《尚书》《春秋》刻在石碑上，故称三体石经，其古文与《说文解字》所收古文属同一系统。

六国古文最显著的特点是俗体流行，地域性分歧较大，简化倾向十分明显。

由于六国古文中文字异形的现象十分严重，不利于各国的交流，因此秦始皇统一中国后，便实行"书同文"的政策，把六国古文中"不与秦文合者"通通罢掉。因此，六国古文对后世影响不大，只是某些简体被后世采用。

目前所能见到的战国秦系文字的资料很少，只有籀文和石鼓文、诅楚文等石刻文字，其中最重要的应该是保留着战国秦文字原貌的石鼓文。

籀文，出自《史籀篇》。西周末年，周宣王太史籀作《史籀篇》，作为教授学童之书，并用来统一周王朝的文字。《汉书·艺文志》载《史籀十五篇》说："周宣王太史作大篆十五篇，建武时亡六篇矣。"魏晋以后此书全部亡佚。《说文解字》中收籀文二百二十余个，其中有些字体与西周晚期铜器铭文出现的方正、行款整齐、偏旁结构固定的新字体相近，而被秦国长期使用。

隋唐之际，在天兴县（今陕西凤翔县）发现了十个石碣，样子像馒头，又有些像鼓，故称"石鼓"。每个石鼓上都刻着一首六七十字的四言诗，记载秦君打猎游玩的情形，风格与《诗经》中同类题材的作品十分相似。这些石鼓文的结构端庄严谨，大小一致，笔形布局极有法度，偏旁部首的写法和位置基本定型，笔道粗细均匀，已基本实现线条化，字体风貌已与小篆十分近似，明显处于西周晚期金文向小篆的过渡阶段。据考证，这些石鼓是春秋末年到战国初年的东西，由于年代久远，很多文字已模糊不清。

北宋时发现了三块刻字石头，文字内容是秦王诅咒楚王而祈求天神保佑，后称诅楚文。这些原石和拓片都已亡佚，现在能见到的只有摹刻本。对诅楚文的具体年代，专家们认识还不统一，但多认为是战国晚期的秦国文字。

籀文、石鼓文、诅楚文和部分秦国金文，都属同一字体，统称籀文或大篆。籀文笔道匀称，字体整齐，说明它是官定的标准文字。秦系文字上承西周金文，下启小篆，是汉字发展的一个重要环节，因而它被看作是战国文字的主流。

四、小篆

小篆又称秦篆，是秦始皇统一中国后实行"书同文"政策时所采用的标准字体。它产生于战国后期的秦国，通行于秦代和西汉前期。许慎《说文解字·叙》说："秦始皇帝初兼天下，丞相李斯乃奏同之，罢其不与秦文合者。斯作《仓颉篇》，中车府令赵高作《爰历篇》，太史令胡毋敬作《博学篇》，皆取史籀大篆，或颇省改，所谓小篆者也。"根据许慎的说法，小篆是由李斯等少数人直接从大篆省改出来的一种字体。

小篆的流行，虽然带有一定的政治原因，但也是符合汉字发展的自身规律的。小篆在保存汉字构形理据的基础上，使汉字构形进一步简明化、系统化，而不像六国文字那样为了简化而任意破坏汉字的构形理据，因而小篆最终取代六国文字而一统天下，是汉字发展的必然结果。

目前所能见到的小篆可分石刻和文献两类。石刻小篆比较少，其中较有代表性的有《峄山刻石》，据说是李斯手迹。《说文解字》保存小篆形体最多，是了解小篆的宝贵资料，也是解读甲骨文、金文不可或缺的桥梁。

小篆与大篆一脉相承，继承了汉字的构形理据，保存了汉字寓义于形的特点。正是由于它符合汉字的发展规律，而形成了其独特的历史风貌[①]。

第一，小篆已形成一个较为严密的构形系统，《说文解字》部首归纳就体现了这种系统性。参与构形的大部分象形字已符号化、系统化，而不像甲骨文阶段强调物象特征，相互之间缺乏有机联系。形声字表意部件的类化过程也已基本完成，代表同类事物的形声字多采用了同一表意部件。

---

① 王宁. 汉字学概要[M]. 北京：北京师范大学出版社，2001：46-48.

第二，比较全面地保存了汉字的构形理据。尽管小篆对古文字阶段的汉字形体做了系统的整理，但这种整理继承了汉字的传统、原则和方法，大部分字是可以解释的。

第三，形声字大量增加。除了新造形声字外，原来的不少象形、会意字通过添加形符或声符也变成了形声字。甲骨文中，形声字只占20%左右，而在《说文解字》中，已增加到80%左右。

第四，结构固定。偏旁部首的写法和位置已基本定型，笔道线条化，粗细一致，圆转匀称，字形整齐对称，符号性进一步加强，图画性大大减弱。

小篆是汉字历史上第一次大规模的文字规范化运动的成果，它结束了汉字发展过程中出现的混乱局面，不仅为汉字的健康发展奠定了坚实的基础，而且为促进民族团结和国家统一做出了重要贡献。

五、隶书

汉字从小篆到隶书的演变，叫作隶变。这是汉字书写体式演变中的重要转折点。隶书是由隶变形成的，隶变不断发展的过程就是隶书不断成熟的过程。隶变的过程可分为两个阶段：一是古隶，包括汉武帝以前的汉代隶书；二是今隶，指汉武帝以后的隶书。古隶在战国晚期已经是较普遍的字体，早期的隶书是对篆书的草率写法，虽然体势的变化比较大，但结构上通常没有太大的改变，还带有篆书的味道。从秦统一六国前后开始，大约到汉武帝或稍晚到昭帝、宣帝时代，隶书成为在正规场合下采用的新字体。对于这种完全成熟的隶书，人们称为"八分书"或简称"分书""分隶"，它结构平整，布局稳重匀称，笔画带有明显的"蚕头燕尾"的特征，比较美观、工整。一般所称的隶书是指今隶。

隶变是汉字发展史上最重要的一次变革，隶变标志着汉字由古文字演变为今文字，是汉字形体的一个根本性变化。隶变主要表现在以下几个方面。

(一)体势的改变

隶书变篆书回转的线条为方折的笔画，字形变得方正平直，再也看不出原来的象形面貌了。笔势的变化使得汉字的书写线条由篆书的圆转均匀变为平直方折，同时具有粗细变化，彻底破坏了篆书中遗存的图画意味，从而奠定了现代汉字的基本笔势。现代汉字中的点、横、竖、撇、捺、钩、横折钩、竖弯钩等基本笔画都是在隶变中由各种途径形成的。

（二）结构的改变

汉隶对小篆的结构做了全面的调整，其主要目的是简化汉字的书写。所以，在调整的过程中，更多的是照顾书写的方便和字体的布局，而不是照顾构形的理据。因简化而造成的偏旁合并、分化及省变现象，使得小篆原有的表意性质变得比较模糊。这种调整主要表现在三个方面。

第一，偏旁的省略。对一些繁复的笔画乃至偏旁加以省略、简化。

第二，偏旁的分化。在小篆里，同一个字，不论是独立成字还是作偏旁，用作偏旁时也不论放在什么位置，其写法都一样。而在隶书里，在不同的字中，写法却时有不同。

第三，也有恰好相反的情况，隶书将小篆中不同的偏旁归并为相同的偏旁。

隶书完全抛弃了古汉字的象形因素，使汉字变成抽象的记号。实行全面的符号化，这无疑是汉字发展史上的一大进步。隶变结束了几千年的古文字阶段，形成了近两千年的今文字阶段的格局，并为楷书的产生奠定了基础。

六、楷书

楷书又名"真书""正书"。它是从今隶演变过来的，形成于汉末魏初，一直使用到现在，已经有约一千八百年的历史了。楷书形体方正，笔画平直，是当时人们认为最理想的足以成为楷模的字体，所以尊之为"楷书"。

楷书直接从汉隶发展而来，二者的区别主要表现在笔法和字体的态势上。楷书变隶书的扁方字体为正方，显得刚正典雅，端庄大方。楷书的笔画与汉隶有明显的不同：横笔改为收锋，不再上挑；撇改为尖斜向下；钩是硬钩，不用慢弯；另外还出现了斜钩"乀"、提"㇀"、折"㇕"等基本笔画。这样，书写今文字所需的各种点画已全部形成。虽然隶变已实现了汉字的彻底笔画化，但基本笔画的标准样式到楷书阶段才算最后定型。

从楷书成熟直到现在的一千多年中，由于唐宋以后雕版印刷的盛行，楷书形成了固定的模式，从而有力约束了汉字形体的变化。至于行书、草书，现在一般认为是楷书的艺术化表现，并不代表汉字形体的发展阶段。

甲骨文、金文、战国文字、小篆、隶书、楷书代表着汉字发展的不同历史阶段。其中甲骨文、金文、战国文字、小篆称为古文字，隶书、楷书称为今文字。从甲骨文到楷书，伴随着社会生产力的发展，汉字的用途越来越广泛，从王室的占卜记录发展为各阶层使用的交际工具，汉字的书写材料越来越丰富，汉字的形体也随着时代的变迁发生了巨大的变化。汉字演变的总趋势是由图画性的象形文字逐渐向方便实用的符号化的方块字方向发展，从而形成了个性鲜明、灿烂多姿的汉字发展史。

第四节　汉字背后的神奇故事

文化，从广义上讲，是人类社会历史实践过程中所创造的物质财富和精神财富的总和。而从狭义上说，它只着眼于精神方面，指社会的意识形态、价值观念、审美情趣、民族心态、生活方式、风俗习惯等。文字是文化的产物，服务于文化，促进文化的发展，同时它自身又是文化的一个组成部分。汉字作为自源文字，是汉族的祖先在长期的社会实践中创造的，它是汉文化的产物，但它又服务于汉文化，对促进汉文化的发展起到了巨大的作用。

尽管经历了数千年的演变，汉字依旧以其特有的形体构造和表意性而显示出其独特的风韵。我们可以从汉字的形体构造中窥见先祖造字时的本义及其所蕴涵的丰富的物质文化和精神文化信息；而汉字独有的方块字形和音义结合的记录方式，又造就了汉字在使用过程中所独有的文化现象——汉字修辞。这一切使汉字不仅具有旺盛的生命力，而且散发着迷人的文化色彩，成为几千年中国历史传统文化特殊的载体。

一、汉字——中华历史文化的"活化石"

作为一种表意文字，汉字在最初造字过程中，同时嵌入了社会文化的因素。汉字的形体保留着千百年来古代先人们所创造的物质文明和精神文明，蕴涵着巨大的中华文化信息。考察汉字的本来形体，可使我们了解上古或史前时期先民的文化遗存，诸如上古居家建筑、农业生产、武器、服饰、饮食，以及风土人情、传统习俗、生活方式、行为规范、思维方式、价值观念等。下面列举一些汉字的文化信息加以说明。

（一）汉字形体所蕴涵的物质文化信息

物质文化是指为了满足人类生存和发展需要所创造的物质产品及其所表现的文化，包括饮食、服饰、建筑、交通、生产工具等，是文化要素的物质表现。千百年来，中国人民用高度的智慧和勤劳的双手创造了灿烂的物质文明，并用汉字这种形象化的文字形式记录下来，让我们能够窥见中华文明历史长河中的物质文明积淀。

1. 汉字中的古代建筑文化

中国古代建筑居住文化不仅有史籍的记载，而且在汉字形体中也蕴涵着丰富的信息。透过一些汉字形体的研究，可以窥测到远古先民最原始的居住方式、各式各样的建筑物以及这些建筑物的设施、功用等，并且可以从中寻觅到中国古代在建筑居住方面所体现出来的生产水平和精神需求等深层次的文化信息。

远古时代，我们祖先就会利用自然物来营建人工住所，用树木枝叶架巢，即古代所谓的构木为巢，或利用天然岩洞、树洞作为掩蔽所，即古代所谓的掘地为穴。从原始文化史资料看，大约早在旧石器时代晚期，人类居住生活的古俗就已形成了。

巢，《说文解字》："鸟在木上曰巢，在穴曰窠。从木，象形。"中国上古有所谓"有巢氏"，即传说中的巢居时代的"圣人"。《韩非子·五蠹》："上古之世，人民少而禽兽众，人民不胜禽兽虫蛇。有圣人作，构木为巢以避群害，而民悦之，使王天下，号曰有巢氏。"这是对上古时期先民居住情况的记载。南方多水乡泽国，炎热多雨，气候潮湿，地势低洼，不宜穴居，故先民构木为巢。至今湖广一带南方人居住的竹楼，仍是其遗俗。穴居与巢居时代大致相近。上古北方黄河流域的原始民居以穴居为习，也与自然环境紧密相关。穴，《说文解字》："土室也。"《周易·系辞下》："上古穴居而野处，后世圣人易之以宫室，上栋下宇，以待风雨。"北方气候干燥，地势高爽，宜于穴居野处。至今陕北一带的人居住的窑洞，当是古之遗俗。"巢""穴"就是古代的建筑文明所留下来的印记，由巢居穴处发展到终于建造房屋住室，这是中国古代先民从适应大自然条件到战胜大自然的一项创造。我国住宅建筑的基本格局随着中华文明的渐进而不断完善。

宀（音 mián），在甲骨文和金文中都写成∧，像房屋外部轮廓之形。《说文解字》："宀，交覆深屋也，象形。"从"宀"的初文，可知在商代便已有较成熟的居家建筑，这种居家房屋的构架，是在圆形基址上建墙，墙上覆盖圆锥形屋顶，屋顶中开有通窗孔，下有门，以梁为中轴，中轴两边左右斜向，屋面相对称。屋面下有左右立柱，整个房屋形成均衡对称的构架。"宀"字形体现中国房屋的建筑风格。至今，中国农村、城镇许多老式的传统民居的房屋构架都与此相同。

居室建筑开辟门窗是人类居住文化进步的重要标志。先民为了追求阳光充足、通风良好的居住环境，便发明了门窗。古代的门有单扇与双扇之分，具体而言，双扇为门，单扇为户。"门"字甲骨文作 門，像两扇门之形。《说文解字》："门，闻也。从二户，象形。"段玉裁注："闻者，谓外可闻于内，内可闻于外也。""户"字甲骨文作 戶，像"门"字的一半。《说文解字》："户，护也。半门为户，象形。"许慎的解说十分准确，"户"只有一扇门页，古时为一般平民屋室所用，故有"小户人家"，即清贫人家之称。"门"则有两扇门页，是可供多人通过的大门，上古一般统治者的住处才有门，故有"高门大宅"之称。到了秦汉时代，门户就成了我国宅居建筑的重要构件。

同样，华夏先民很早就懂得为居室设计窗子。如"向"，甲骨文写作 向，像窗户形。《说文解字》："向，北出牖（yǒu）也，从宀，从口。"徐锴注："向，所以通人气，故从口。""向"的初义专指朝北的窗户。《诗经·豳风·七月》："塞向墐户。"意思是，把朝北的窗户堵塞好，把门也封严些，以备过冬。为什么我们的先人朝北开窗子呢？原因是我们祖先活动的黄河中下游地区处在地球北半球的北温带，每到冬季，寒风呼呼，寒流滚滚。我们的先人在实践中不断适应自然，逐步形成了坐北朝南、南门北窗的建筑格局。到了冬季把朝北开的窗口堵住，室内就免受寒风侵扰。从"向"字可看出，古代早期房屋建筑不但整体构架均衡对称，而且房屋有门有窗，其通风采光都达到了一定水平。

随着宅居建筑的改进，为了利于采光与通风，南面也开辟窗口，古人称之为"牖"。《说文解字》："牖，穿壁以木为交窗也。从片、户、甫。"段玉裁注："交窗者，以木横直为之，即今之窗也。……必言以木者，字从片也。古者室有户有牖，牖东户西，皆南乡。""乡"，通"向"，"南乡"即"朝南"。可见古代的房子有门有窗，窗在东，门在西，门和窗都是朝南。"牖"字从片，是因为其用木板制成之缘故；"牖"字又从户、甫，则因"牖"的位置在门户之旁。

古代的"向"和"牖"，后世统称为"窗"，但是，"窗"在古代并不完全等同于"牖"。《说文解字》："囱，在墙曰牖，在屋曰囱。……窗，或从穴。""窗"是"囱"的后起字。现在还流行的一句古话"打开天窗说亮话"，证明"窗"是原来在屋顶上的。可见，古代房子不但墙壁四周有洞，而且在屋顶上还开一个洞，既可作为透气的孔口，又有利于采光。

2. 汉字中的古代陶器文化

随着社会生产力的发展，先人们的家居生活条件也大大地改善了，于是就应运而生地出现了制陶业，产生了陶器文化。凡现代考古发掘所见的器皿，在古文字中几乎都有体现。金文里有 ，即古"陶"字，后隶定为"匋"，《说文解字》释其为"瓦器也"，意思是用陶土烧制的器皿；其字形从人从缶，是人制作陶器的意思；后来增加了一个义符"阝"而成了"陶"字，此后就"陶"行而"匋"废了。透过几个与陶器有关的汉字的基本构件形体的研究，可以窥测到古汉字形体中所蕴涵的丰富的古代陶器文化信息。

"瓦"字今日仅指烧制过的蔽盖屋顶的土片，古时则广泛用来指所有的陶器。《说文解字》："瓦，器已烧之总名。象形。"段玉裁注："凡土器，未烧之素皆谓之坯（坯），已烧皆谓之瓦。"在古汉字里，"瓦"字旁的字很多，如制作陶器叫"甄"，蒸饭食的瓶类器皿曰"甑"等。这些汉字的字形与字义反映出古代制陶业的发达与繁盛，也展示了中国古代陶器文化的辉煌。

2008年北京奥运会开幕式的团体操表演《击缶》，让"缶"这个字传遍了全世界。"缶"是古代常见的一种陶器。甲骨文写作 ，下面一个口形示其大腹，上面是一个长形的且有盖状的符号，示其细颈、小口、有盖。《说文解字》所收"缶"的小篆形体是下面像其器物的主体，上面像其盖子，许慎释其为："瓦器。所以盛酒浆。秦人鼓之以节歌。象形。"《汉书·杨恽传》中记载："家本秦也，能为秦声……酒后耳热，仰天抚缶而呼乌乌。"应劭注："缶，瓦器也。秦人击之以节歌。"这些表明它在盛酒之外，还可作为乐器击打，以助歌唱时的节拍。后来的缶，发展为一种专门的乐器。带"缶"字旁的字有："罂"是一种大的缶器；"缾"是一种比较小的容器，即后来的"瓶"字；"缺"是破缺的陶器；"罅"是裂开的陶器；"罄"为一种腹中空虚的器皿等。

"皿"是大口盆形陶器的名称，其主要功用是"饭食之用器"（见《说文解字》）。古时的盆形器具统称"皿"，以后创制的与之相似的器皿名称均以"皿"作为形符，如："盂"是盛饭用的器皿；"盅"是陶质的茶器，俗称"茶吊子"；"盒"是陶器的盖子，后引申为"覆盖"义。与之有关的还有由皿类陶器之功用所生成的汉字。如："益"是水在器皿上溢出的状态；"盈"也是指器皿盛满了物体；"盡"（尽）和"盅"（chōng，后作"冲"）则与"益"和"盈"相反，前者表示器物中空虚，后者表示器皿充满物品。

陶器中还有"鬲"，甲骨文写作 ，是古人用来煮粥用的炊具，也作盛物之用。《说文解字》："鬲，鼎属。实五谷。斗二升曰斝。象腹交文，三足。"段玉裁注："《释器》曰：'（鼎）款足者谓之鬲。'"王筠《说文句读》："款者，空也。言其足中空也。……案此器上半是器，上阔而下狭；下半是足，足出于器，亦上大而下小。""鬲"的甲骨文和金文形体，皆与小篆字形相似，上为其颈与口形，中为其大腹形，下为三足形。鬲作为煮食物的器具，为了加热迅速，三个支脚都是空心体。在《说文解字》中表示跟鬲的形状和用途相似的字有不少，如"鬳"，是一种鬲鼎类的炊具，其甲骨文和金文形体很像鬲形或鬲上有物的样子，是一种分上下两截，中间用有孔的板子隔开，上盛米，下盛水，用来可以蒸熟食物的炊具。又如"融"，《说文解字》解释说"炊气上出也"，是对鬲类器具蒸煮食物时蒸汽上升的描述。

在陶器中，"豆"是一类陶器的基本形状，甲骨文写作，是一个上有盖、中像盛物之类的腹、下像其足的象形字。《说文解字》解释"豆"字的功用是"古食肉器也"，《周礼·考工记》中"食一豆肉，中人之食也"，《左传》中"四升为豆"，都表明"豆"是一种大腹的容器，用来盛放肉食。后世"豆"被借用为植物名，此字所表之本义则被加木字旁而作"桓"，以为肉食器皿之名。

如此多种多样的陶质器具，不仅显示出我国古代陶器制造的发达与繁荣，而且从中可以看到中国古代先民在日常生活、饮食等方面的习俗。

3. 汉字中的车马文化

中国是最早使用马车的国家之一，相传大约四千六百年前的黄帝便创造了车。到了夏代的时候，负责管理车的官员奚仲改进了车的形制，开始以马驾车，此后，马车便在交通、运输、战争及礼制等方面扮演着重要的角色。考古资料显示，商朝晚期马车的使用已非常普遍，马车的制作工艺已相当高超，而当时也正是汉字体系走向成熟的关键时期，丰富的中国古代车马文化，必然会在汉字形体中留下印迹。

"车"字在甲骨文中有多种不同的写法，在西周金文当中，"车"就已经简写成，与现在"车"的繁体字"車"结构基本一致了。而至今所见到的最复杂的"车"字，莫过于刻在商代晚期青铜器《车父己簋》上的，这一字形生动、形象地反映了古代马车的基本形状：字形下部贯穿左右的一横像车轴；车轴上有三个构件，两边的像两个车轮；车轴两端分别有两个短竖，这是用来固定车轮的零件，叫作"辖"，其作用是约束轮子，不让它们从车轴上滑脱，所以"辖"字后来可以指管辖的意思；与车轴成十字相交、贯穿上下的一竖像车辀，车辀就是车辕；车辀上部横置的弓形构件像车衡，即固定在车辕前端的横木；车衡上有两个"人"字形的构件，是车轭，夹在马的脖子上，从而使马带动马车前行；位于车衡两端下垂的构件像系在车衡上的饰物。在这一字形中，车的所有重要零件几乎都刻画出来了，而且描绘细致。可见在商代的时候，我国的制车技术已经相当成熟了。

车上最重要的部件当然是车轮了。据说古人从转动的飞蓬中得到启发，从而发明了轮子。但单纯的轮子只能转动，而不能载物，所以古人又制造了车厢，安置在轮子上，于是便有了车。"轮"字是从车、仑声的形声字，其声符"仑"同时又兼表意义。《释名》："轮，纶也。言弥纶周匝也。"之所以可以用纺车的线纶来解释车轮，是因为它们具有共同的特点：一方面它们的功能都必须通过旋转而获得，另一方面线圈的缠绕和车轮辐条的分布都必须很有条理。《周礼·考工记》中关于制作车轮的技术要求有十条之多，其中很重要的一条，就是要用悬线察看相对应的辐条是否笔直，30根辐条要两两相对而不倾斜，才能达到要求。可见，旋转和有条理是车轮得名的两个重要依据，而这两层含义都是由"轮"的声符"仑"表达的。

车的另一个重要部件是车轴。《说文解字》中的"轴"字下段玉裁注："轴，所以持轮者也。从车，由声。""轴"是一个形声字，其声符"由"同时也兼表意义。"由"是从的意思，可以表示一件东西从什么地方出来。"轴"与同声符的"抽""袖"同源，它们都含有从什么地方出来的意思。"抽"就是把一件东西从别的东西中拉出来，而衣袖的"袖"得名的原因，也在于它们是筒状的，两臂可由其中抽出。同样，车轴的得名，也是因为它可以从轮毂中抽来。《释名》说："轴，抽也。人毂中可抽出也。""轴"的这一意义特征，与古人对车轴的保养意识有直接的关系。

古代的车还用于战争，设计有配搭兵器的战车。战车多用马驾，马的数量有二、三、四、六不等。《说文解字》中"骈""骖""驷"分别表示驾二马、三马、四马，这几个字的意义也跟它们的声符有关。"骈"字中"并"含有"两个并列"的意思，"骖"字中"参"的意思就是"三也"，"驷"字从"四"得声，《说文解字》："驷，一乘也，从马四声。"即由四匹马拉的车称为一乘。由四匹健壮的马所拉的车，其速度之快可想而知，故有成语"一言既出，驷马难追"。

驾战车奔赴战场之前，一定要把马的尾巴打个结挽起来，否则，在战斗中马尾巴会被东西挂住，致使战车无法前行。因此《说文解字》中有一个专门表示给马尾挽结的"驸"字："驸，系马尾也。"其实，这个"驸"与"紒"字是同源字。《说文解字》："紒，簪结也。"《说文通训定声》进一步解释说："结马尾如人之紒。"这说明，结马尾的方法跟女子盘头的方法大致是一样的。《左传·成公二年》记述的春秋时期齐晋鞌之战中，就有关于结马尾的情节。齐晋两军在鞌地摆开阵势，齐侯非常轻敌，说要姑且消灭晋军再吃早饭，于是"不介马而驰之"。这里的"介"字是"驲"的通假字，全句的意思是不把马尾巴挽起来就驱车进击晋军，结果却是齐军溃败而逃。在逃跑的途中，由于齐侯乘坐的战车事先没有给马尾巴打结，结果挂在了树上，马车跑不动，被晋国的将领给追上了。可见，在车战前给马尾巴打结是多么重要的一个环节。

除了马拉的车之外，古代还有使用人力的车，叫"辇"，用作平时的代步工具。其甲骨文和金文字形均像二人挽车之状。《说文解字》："辇，挽车也。从车㚏，㚏在车前引之也。"段玉裁注："谓人挽以行之车也。"《说文解字》："㚏，并行也，从二夫。""二夫"就是两个人，所以"辇"就是两个人在前面拉的车。到了秦汉之后，辇逐渐演变成皇室专用之物，成了皇权的象征。

4. 汉字中的古代畜牧文化

中国是世界上最早产生原始农业的国家之一，透过汉字，可以看到中国古代畜牧文化的痕迹。

上古时期以畜牧业为主要生产方式。马、牛、羊、鸡、犬、豕六畜曾是很重要的畜牧对象。随着畜牧业的发展，古代中国人对牲畜的种类、性别、年龄、颜色、形状、功用等有着深刻而细致的观察和认识。在《说文解字》中与马有关的汉字有110多个，与猪有关的汉字有40多个，与牛有关的汉字有50多个，与羊有关的汉字有30多个。比如，"犙"是三岁牛，"牭"是四岁牛，"犉"是黑唇黄牛，"㹊"是白色脊背的牛，"犊"是小牛，"牡"是公牛，"牺"是用于宗庙祭祀的、毛色纯净的牛。"牟"是牛叫；"犨"是牛的喘息声；"牴"是牛角的接触，即用角顶撞；"牢"是饲养牛的牛圈；"犁"是用牛带动农具来翻耕土地。许慎在《说文解字》中说："物，万物也，牛为大物，天地之数起于牵牛，故从牛勿声。"牛是人养的最大家畜，在祭祀、耕作中作用最大而且地位重要，故被视为"大物"，因此牛在上古的农耕生活中占有重要地位。关于"羊"的汉字，比如，"羳"是黄腹羊，"羭"是黑色的羊，"羝"是公羊，"羔"是小羊，"羋"是羊叫声，"羴"是羊的膻臭气味，"羢"是羊的细毛。关于"猪"的汉字，比如"豕""彘"指猪，"豚"指的是小猪。最有意思的是"家"字，在甲骨文中，写作 🐷 ，外面是房舍的轮廓，表示房子，房内是猪的象形，家虽为人居之室，但猪亦居其中，由此可以窥视出畜牧经济时期，猪在人们生活中的地位。"豢"是用圈养猪，狩猎时代豕应是最主要的被猎对象，它因繁殖快而数量多，并且因身形笨拙而容易猎获，猎获的豕多到吃不完，就把活豕圈养起来，这就有了家畜的猪。"马"字则不同。《说文解字》："马，怒也，武也，像马头髦尾四足之形。""马"字甲骨文写作 🐴 ，古人认为马勇武剽悍，行动迅猛疾速，一旦被人驯服，就会忠勇尽职，不畏艰辛，既是战争的重要工具，又是运输和耕作的重要工具，还可作为财富积蓄和赏玩的对象。众多的"马"类字体现了先人对马的多个方面的深刻认识。如对马的细致分类："驹"是两岁马，"駣"是三岁马，"骊"是深黑色的马，"騅"是深青夹杂黑色的马，"骢"是有着青白相杂毛色的马，"骠"是黄色发白的马，"骥"是日行千里的好马，"驽"指劣马，"骁"指良马。还有对马的步态的描述："骋""驱""骤""驰"都表现马的奔跑；"笃"指马慢走时四足落地有力，发出"笃笃"之声；"驻"指马身高体重力大，立足于地时沉稳不动；"惊"指马受惊；"骚"指马受到蚤类的惊扰而烦乱不安；"腾"指马跃身而起。还有对马的操纵："驀"指人腾身上马，动作迅捷；"驭"指人驱赶马拉车；"骑"指人跨坐在马背之上。

从上面这些丰富的关于牛、羊、猪、马的专名词汇中，我们可以想见，在我国上古畜牧经济时期，畜牧业生产水平是非常高的。

5. 汉字中的古代玉文化

玉坚硬温润，晶莹亮泽，先民们很早就把它当作美的象征。我国发现的最早的玉器，距今已有八千多年的历史。在漫长的历史发展过程中，玉器作为一种独具魅力的文化载体，对古代社会生活的各个方面产生了深刻的影响，从而形成了发达的玉文化。

许慎在《说文解字》中解释"理"字："理，治玉也，从玉，里声。"段玉裁对此又做了进一步的解释："郑人谓玉之未理者为璞，是理为剖析也。""理"字左边的"王"就是"玉"字，由此可见，中国古代很早就有了对玉石的加工。《说文解字》："玉，石之美者。"甲骨文中"玉"字写作丰，像一根绳子串着几块玉的样子。可见，玉是先人打磨加工出来的纹理晶莹漂亮的石头，用来作为装饰品使用。因其质地、纹路的精美，先人们赋予玉石许多美好的寄托，并由此产生了众多的玉石种类和对玉石的认识。如：《说文解字》中"琢""理""瑂""玩""璪""琢"等字，都是制作玉器的方法；"瑛""璀""璨""璟""璘"表示玉石光泽；"莹"表示玉色透明，"璊"表示赤色玉，"瑕"表示玉石上的红色斑点，"玼"表示玉色鲜艳，"瑳"表示玉色鲜白。

随着对玉的认识深化，对于玉的质地有了好坏的等级区分。比如"瑾""瑜""璇""琳""瑶""玫""玖""玒""瑰"等表示美玉，"璙""琯""璥""珦""璐""珂""珙"等表示普通的玉。这种区分有时可以通过玉石的碰撞声来进行，因此又有不少表示玉声的汉字，如"玎""琤"表示玉器相击的声音，"琼""珞"表示佩玉碰撞的声音，"玲""玪""瑝"表示玉石相击的声音。

《周礼·春官·大宗伯》记载："以玉作六器，以礼天地四方。"原始先民认为玉石与其他石头在色泽、纹理、质地等诸多方面存在极大差异，是通灵之物，可达天地鬼神，于是用来祭祀，以求神灵的佑助和福祉。"禮"（礼）字的古字形有力地证明了这一点。"丰"是"禮"的初文，甲骨文写作 𤔡，其下半部是"豆"字，豆是高脚的器皿，里面盛着两串玉，反映了古代以玉供奉神灵的情形。所以"礼"的本义就是盛玉以奉神求福。由于与神灵祭祀有关，所以后来又加上了义符"示"。可见"礼"的起源与玉有着密切的关系。从"灵"字的古字形也可以看出玉和神灵之间的关系。

由于玉寄托了人们的美好祈愿，因此，在古代社会生活中，很多地方都会用到玉。古人祭神用玉，在为死者举行的丧葬仪式中也使用玉。"琀"就是下葬时放入死者口中的玉，口中含玉，像永远吃东西似的，表示生者对死者的深情。"环"和"块"都是玉器，是用于传递或表达信息的信物。在中间有孔的圆形玉器中，边宽为内孔直径两倍的叫作"璧"，内孔直径是边宽的两倍的叫作"瑗"，边宽与内孔的直径相等的叫作"环"。"块"的造型是在环的基础上打开一个缺口，是"环之不周者"，成为与人断绝关系的象征，所以《史记·项羽本纪》中有"范增数目项王，举所佩玉块以示之者三"，范增举起随身佩戴的玉块示意，提醒项羽下决心杀死刘邦。"瑁"是天子上朝时手持的玉，以示天子德覆天下。而诸侯朝见天子，执圭。《说文解字·土部》："圭，瑞玉也，上圆下方……古之圭从玉，即珪。"诸侯的爵位不同，所执的圭的长短规格也不相同。玉更多的时候被人们用来作为饰物，美化自身的同时也美化生活。如"珠""玑"是佩戴的玉珠，"珥""瑱"是玉质耳饰，"璏"是佩刀鞘口处的装饰，"珌"是鞘口下方的装饰。

从这些汉字可以看出，"玉"这一自然之物具有众多的社会功能，也就具有了深层的文化内涵。这充分表明，在中国古代文明发展史上，玉文化的丰富多彩是其重要的一笔。

6. 汉字中的古代酒文化

在汉字的古老形体中也可以寻觅到中国酒文化的信息。早在甲骨文中就有殷商民族凡遇大事必饮酒的大量卜辞，可见酒的酿造很早就开始了。甲骨文中"酒"字的写法有两种：一种是象形的 𣶒，与小口尖底瓮十分相像；另一种是在"酉"字旁加上几个表示液体的点，𣲎。可见甲骨文中"酉"为"酒"的初文，有两个含义：一是指"酒"；二是表示盛酒的器皿。酒在古代中国人的生活中占有很重要的地位，《说文解字》"酉"部所收的字中，几乎反映了中国酒文化各个方面的信息。

古代人们很早已经掌握了相对先进的酿酒技术。《说文解字》："酿，酝也，做酒曰酿。"我国是世界上最早用谷芽酿酒的国家，酒的酿制时间有长有短。酿制时间长的有"酋"，《说文解字》："酋，绎酒也。从酉，水半见于上。"段玉裁注："绎酒谓日久之酒。""水半见于上"大概是指酒因为酿得久了而大量出水。也有一夜酿成的酒，《说文解字》："酤，一宿酒也。一曰买酒也。从酉，古声。"因用粮食酿酒，所以酿出的酒有清有浊，《说文解字》："醪，汁滓酒也。""醪"即汁滓混合的浊酒，我们今天叫醪糟。《说文解字》："糟，酒滓也。"指酒被滤出的酒渣。《说文解字》："酾，下酒也。"下酒，就是将酒渣滤掉，取得纯净的清酒。分离出的清酒又有酒度浓淡的差别。《说文解字》："醇，不浇酒也。"段玉裁注："凡酒沃之以水则薄。不杂以水则曰醇。"说明"醇"是一种不掺水的浓酒。《说文解字》："醨。薄酒也。"段玉裁注："醪醇醹酎皆谓厚酒，故谓厚薄为醇醨。今人作漓，乃俗字也。"段玉裁认为，"漓"为"醨"的俗字，可见"醨"是一种掺水的淡酒。

酒在中国人的饮食中是非常好的佐餐饮料。人们喜欢喝酒，也很早就注意到酒对人生理上的影响。《说文解字》："醉，卒也。卒其度量不至于乱也。""卒"是"终了""终结"，"醉"就是每个人所适应的酒量的终极。到了极限，人在身体和精神上就会出现异常反应，所以，古人提倡喝酒要适度。《说文解字》："酣，酒乐也。"段玉裁注："中酒曰酣。""中酒"即喝得不多不少，处于不醒不醉之间，饮酒恰到好处，尽兴而不乱，谓之"酣"，这才是饮酒带来的快乐。酣、醉之后的状态是醒。《说文解字》："醒，醉解也。""醒"字从"酉"，可见"醒"在古代与"觉"有别，一般睡醒称"寤"，饮酒醉后恢复正常叫"醒"，由于人醉酒后最常见的表现是睡觉，所以后来睡醒也称"醒"了。

在先民看来，酒不仅是饮食中的美味，更是精神上的一种寄托，用以祭祀，用以交际，具有极其特殊的文化价值。如"尊"字，《说文解字》："尊，酒器也。"相当于我们今天用的酒杯。"尊"的甲骨文字形 ，像酒杯置于架上，以示设酒食祭祀。"奠"字，甲骨文字形 ，像双手捧着酒杯，《说文解字》："奠，置祭也。从酋。酋酒也。下其丌也。礼有奠祭者。""奠"的意思是，用手将酒杯置于祭台上。"饮"字，甲骨文字形 ，左边是酒坛，右边是人形，张嘴向酒坛饮酒。"醮"字，《说文解字》："醮，冠娶礼祭。从酉，焦声。""醮"是古代成人礼、婚礼时所行的一种简单仪式，尊者为卑者或长者为幼者酌酒，卑者或幼者接受敬酒后饮尽，无须回敬。在祭祀、婚礼中，酒是最重要的道具，人们认为没有酒的祝祷，就无法得到神明庇佑。苏轼《念奴娇·赤壁怀古》中"人生如梦，一樽还酹江月"的"酹"，《说文解字》："酹，餟祭也。"段玉裁注："《广韵》曰：'以酒沃地。'"就是把酒洒在地上表示祭奠或起誓。《说文解字》："醻(酬)，主人进客也。"即客人给主人祝酒后，主人再次给客人敬酒作答，是一种古时酒宴礼节。

（二）汉字形体中蕴涵的精神文化信息

所谓精神文化是指属于精神、思想、观念范畴的文化，是代表民族特点的思维方式、行为规范、伦理观念、社会制度、风俗人情、生活习惯等精神成果的总和，反映出一个民族的心理特征和精神追求。这些信息必然会在文字中表现出来。

1. 汉字中的婚姻习俗

汉字中蕴涵了丰富的婚姻习俗信息。在"婚""娶""嫁""媒""妁"这些文化蕴涵深厚的汉字背后，可以看出，原始群婚、掠夺婚、买卖婚和包办婚等都是我国历史上存在过的婚姻习俗。

中国人一般都随父姓，但为什么"姓"字从"女"旁？"姓"字的甲骨文为𤯓，《说文解字》："姓，人所生也。古之神圣母，感天而生子，故称天子。从女，从生，生亦声。《春秋传》曰：'天子因生以赐姓。'"古人认为远古时代女人因感天而生孩子，与男性无关，"姓"标明人由谁所生，是一种血统的标志。《商君书·开塞》上说："天地设而民生之，当此之时也，民知母不知其父。"《吕氏春秋·恃君览》说："昔太古尝无君矣，其民聚生群处，知母不知父。"《白虎通义·号篇》也说："古之时未有三纲六纪，民但知其母不知其父。"很多古代传说也从旁证明了这一点。比如《史记·三代世表》中记载，契的母亲因吞食鸟蛋而受孕生下了契，后稷的母亲因踩上了巨大的脚印而受孕生下了后稷。这些远古的圣人们也是"知其母而不知其父"，只有和母亲的关系确定而可靠，因而不同的姓表示不同的女性祖先，所以古文献中所见到的最古老的姓，大都是从"女"，如黄帝姓姬，神农姓姜，少昊姓嬴，虞舜姓姚，夏禹姓姒。同一女子的子孙都是同姓而成为同一宗族成员，"姓"也就成为同一女性祖先的氏族共同标志，其构形反映出我们的祖先曾经有过原始群婚的婚姻阶段。到了春秋战国时期，古代中国进入了父系氏族社会，是男性掌握权力的时代，姓氏也已是男性的天下，儿女就都从父得姓了。

娶妇在古代其实是一种抢婚。《说文解字》："娶，娶妇也，从女，取声。""取"和"娶"是一个字在不同时代的不同写法。而"取"字，从又从耳。"又"，甲骨文作𠃌，像手之形，《说文解字》："又，手也。"从"又"之字，多与手有关。"取"即用手去割取左耳，指的是在战争结束后，将士们割取战俘的左耳以邀功领赏，因而本义是"捕取"，娶女子为妻曰"取妇",很明显有掠夺女子的意思。强壮的小伙子单独或者约上本部落的一些人,到另外一个较小的部落或族群,强行把那个白天爱慕已久的姑娘抢将过来,拜过堂,一段婚姻就开始了。瑶族现在还是这样的迎亲方式:夜晚,男方的迎亲队伍高举火把冲向女家,抢到新娘后往回走,半路上女方队伍杀出来回抢新娘,这时,新郎出现了,他找到新娘后,偷偷带着新娘逃出混乱的"战场",溜之大吉,双方才停止抢夺,一起享受婚宴。这种婚俗能在现在的社会中出现,自然与先民的抢婚习俗脱不了关系,也正是这种抢婚婚俗确曾有过的有力证据。

"婚"在《说文解字》中的解释是:"婚,妇家也。礼,娶妇以昏时。妇人阴也,故曰婚。从女从昏,昏亦声。"许慎在这里说了两个理由:一是周礼规定"娶妇以昏时";二是"妇人阴也"。显然,我们可以从"取"的字形推断出,"娶妇以昏时"是当时的民间婚姻习俗所造成的。晚上迎亲,不仅因为古时候认为黄昏是吉时,而且因为当时很多男人都是出去抢个女人回来做妻子,既然是抢,当然会有抵抗,而且还要逃跑,自然不能在光天化日之下去抢了,必须要在天黑后才能实施。抢回来以后,为了不让新娘子认清回家的路,还得在她头上蒙块布,这就是盖头的由来,而且要马上举行婚礼,"生米煮成熟饭"后,女子也只能认命了。可见,"婚"字证明了古代抢婚是很常见的习俗。

《说文解字》:"嫁,女适人也。从女家声。"从语源讲,"嫁"与"家"同源。《白虎通》:"嫁者,家也。妇人外成,以出适人为家。"即父母家并不是女孩子的家,只有嫁到丈夫之处,才算是自己的家。由此看来,女子出嫁,就是安家,故称为"嫁"。古代社会嫁女必遵循礼俗,从周代开始,中国就已形成了一套规范的婚礼制度。《仪礼》中说:"婚有六礼:纳采、问名、纳吉、纳征、请期、亲迎。"这六种礼仪中的"纳征",就是男方要送大量的财物到女方家,名为"聘礼",其实这就是购买对方女儿的金钱。娶妻纳妾,必须要用钱财交易才能进行,女子嫁人,其实就卖给了人家,这种婚姻本质上就是一种买卖婚姻。《战国策·西周》:"臣恐齐王为君实立果,而让之于最,以嫁之齐也。""嫁之齐",就是卖给齐国的意思。再如《韩非子》:"天饥岁荒,嫁妻卖子者,必是家也。"这里"嫁"与"卖"对言,当然也是"卖"的意思。"嫁"字可以说明,我国古代社会确实存在过把女人当作商品的买卖婚俗。

《说文解字》:"媒,谋也,谋合二姓者也。""妁,酌也,斟酌二姓也。"媒和妁都是谋合二姓婚姻的人,即媒人。"媒""妁"二字,表明古时的婚姻不是男女自由恋爱的结果,而是需要第三者的撮合。媒妁的起源是很早的,早在《诗经》里,就有女主人抱怨情人"匪我愆期，子无良媒"的句子，反映的就是没有媒妁的说合不能结婚的风俗习惯。中国人一直以来都讲究明媒正娶，私奔苟合是违反伦理纲常的行为，会被社会所耻笑、唾弃。所以才出现了媒妁来充当婚姻的桥梁，这也就规定了父母对子女婚姻的绝对包办，而且必须由媒妁来订立婚约。可见，"媒""妁"二字蕴涵了包办婚俗的文化信息。

"姓、娶、婚、嫁、媒、妁"等汉字字形都与我国早期的婚姻制度和婚姻习俗有着直接的联系，反映了千百年来中国古代婚姻习俗的变迁，却独独没有以感情为基础的自由婚配，恰好说明中国封建社会制度和礼教对人们的行为和思想的重重束缚。

2. 汉字中的祭祀文化

祭祀作为一种文化现象，是人类在形成较为系统的神灵观念之后而进行的活动，反映了人类的原始信仰。原始初民由于自身力量的弱小，以及对自然界认识的缺乏，在变幻莫测的自然面前，他们几乎没有什么抵御能力，由心生畏惧，进而顶礼膜拜，天神地祇，雷公风伯，草木山川，皆有神在。为了获得神的福佑，以求趋吉避凶，人们对神极尽虔敬之心，经常奉上供品，举行仪式，表达对神的诚意。这便是早期的祭祀。作为表意文字的汉字，对古人的祭祀活动有着形象的描绘，透过汉字，可以追寻出古代祭祀习俗的轨迹。

《说文解字》："示，天垂象，见吉凶，所以示人也。""示"在甲骨文中作 T 或 T，像是祭神的石质供桌，上面摆放着祭品。凡与"示"有关的古字多与神事相关联。

最初的祭祀活动很简单，人们用竹木、泥土塑造偶像，或在岩石上画出神灵形象，然后在这些神灵的附体面前陈列礼物，由主持者祈祷，祭祀者唱歌、跳舞。最初祭祀的场所并不固定，后来由于经常祭祀的需要，就把祭台搬到人工建筑中来陈列供奉，这就是"宗"。《说文解字》："宗，尊祖庙也。"其本义就是祖庙。"宗"字从宀从示，是会意字。从字形上看，"宀"是房子的侧视简图，里面是祭祀先祖的祭台"示"。宗庙就成为古人祭祀祖先神灵的专门场所。

祭祀时，要按照一定的仪式，向神灵致敬。《礼记》中说："夫礼之初，始诸饮食。"取悦于神的祭祀仪式表现为用礼物向神灵祈福。"祭"的甲骨文字形为 阝，右边是一只手，左边似一块滴着鲜血的肉。后又在原字的基础上增加代表祭台的"示"字，表明类属。《说文解字》："祭，祭祀也。从示，以手持肉。"甲骨文形体中的血滴似乎表示，刚刚宰杀的牺牲还在滴血，就拿来祭祀，这说明当时还保持着血食的习惯。

除了贡献礼物，古人在祭祀时还会口中念念有词。"祝"是祭祀时负责向神灵祷告的人。《说文解字》："祝，祭主赞词者。从示从人口。"甲骨文字形为 阝，好像一个人跪在地上，张着大口面向祭台向神祷告。《汉书·郊祀志》："敬于礼仪，明神之事者以为祝。"颜师古注："祝谓主祭之赞词者。""赞词"，就是把祈祷的话语转达给神灵，可见，"祝"是人、神的沟通媒介，主要职责就是在举行祭祀的时候迎接鬼神，并把人们的愿望传达给鬼神。

如果说"祝"是在祭祀时负责用言辞向神祷告的男人，那么"巫"就是领头跳舞来向神祈福的女人。"巫"的甲骨文字形好像一个人张着两手，拿着两根羽毛或饰物在甩袖跳舞。《说文解字》："巫，巫祝也，女能事无形以舞降神者也，象人两褒（袖）舞形。"因此，"巫"的本义是指借用舞蹈和歌唱手段呼唤神灵之人，即后来被称为巫婆神汉的人。甲骨文的"巫"字与"舞"字写法相似，"巫"最早不分男女，后世始以男巫为"觋"（xí），女巫为"巫"。春秋战国时期，"巫"由祭祀中的主角分化出来，指替人祈祷禳灾为职业的人。

祭祀的目的之一是占卜。殷商时代，占卜之风已遍及社会，占卜的方式是将龟甲兽骨放在火上烧灼，形成裂纹，并以此来判断吉凶。"卜"字的构形取义就源于此，其发音也是甲骨烧灼时的爆裂声。该字甲骨文字形中的竖画表示"兆干"，短横画则表示"兆支"。"兆干""兆支"就是烧灼出的裂纹，是占卜的结果，巫祝根据裂纹的情况对自然和社会现象做出解释和判断。金文、小篆的"卜"字与甲骨文相似，其字形历经三千多年而面目不改，可见其象形色彩的形象与准确。殷商时期，人们不论事大事小，都要通过占卜来决定凶吉，如战事、畋猎、生育、疾病等，都要占卜，并将卜兆结果刻写在甲骨上，这就是甲骨卜辞。

这里，我们所举的只是汉字文化信息的一小部分例子。人们早已注意到从汉字中揭示史前和上古的历史文化，目前关于夏、商历史社会的许多认识，相当一部分是从古汉字的考释中获得的。这充分表明，汉字是我们中华历史文化的"活化石"。

二、汉字修辞——中华文化的瑰宝

文字本身也是人类精神活动的产物，其本身又是文化现象。汉字的二维平面造型和线性排列的特点，造成了其点画成文、合文为字、组装灵活、变化多样的结构模式，使汉字增添了许多独特的文化功能。因此，人们常常在文本中运用汉字的形体来领会、说明或传播生活经验、人生哲理和文化心态，这就是修辞学中所说的汉字修辞。

汉字修辞，是汉语修辞的一个分支，也是最具中华文化特征的修辞。人们在利用汉字形体进行交际的实践中，发现汉字修辞在文学艺术、民俗游艺等众多领域都具有特殊的价值，从而引发出种种从汉字形体中衍生出来的、为社会所接受的独特的汉字文化现象。

（一）字谜

字谜，是一种文字游戏，也是汉民族特有的一种汉字文化现象。它主要根据方块汉字笔画繁复、偏旁相对独立、结构组合多变的特点，运用离合、增损、象形、会意等多种方式创设谜语。广义的字谜，指所有的文字词语谜，如字类谜、词类谜、句类谜等。狭义的字谜，指单个汉字的谜语。后者注重文字形体的组合及偏旁部首搭配，从形态、功用和意义上对谜底汉字各个组成部分做多角度描绘，词句简短，行文措辞和谜面修辞技巧也比较高。

1. 组合

谜面提示两个或多个偏旁、笔画，由此组合成一个或几个汉字，即为谜底。据宋代《钱氏私志》记载：王安石曾制谜曰"目字加两点，不作贝字猜"，谜底为"贺"；又曰"贝字欠两点，不作目字猜"，谜底为"资"；还曰"四个口皆方，十字在中央，莫作田字猜，不用器字猜"，谜底为"固（图）"。

明代唐伯虎和祝枝山是莫逆之交。相传有一天祝枝山刚踏进唐府，就被唐伯虎劈头挡住："祝兄来得正巧，我刚做一则灯谜，猜对了，请进！否则，请便！"祝枝山哈哈大笑："猜谜，我最拿手。倒要领教！""别吹，你且听着！"唐伯虎毫不客气地扳着四个指头说，"言说青山青又青，两人土上说原因；三人牵牛缺只角，草木之中有一人。每句猜一字，四字是两句话。"祝枝山听罢，不等招呼就大模大样地朝太师椅上一坐说："唐老弟，先倒杯茶来再说，你看如何？"唐伯虎一听，知道谜被猜中，就恭恭敬敬地捧上一杯香茶，热情地交谈起来。这四句诗的谜底便是"请、坐、奉、茶"四个字。

2. 分离

谜面往往是一个字，把这个字的偏旁、笔画予以分离，便是谜底。相传明朝初年，兵科给事中蔡锡外放泉州做知府。他决心为百姓做些好事，于是决定重修洛阳江上的洛阳桥，但洛阳江处于江海交汇之处，海潮汹涌，开工须选择能避开潮头的时日。何日何时方能避开潮头？一位老艄公大书一"醋"字。原来，这是谜面，谜底为廿一日酉，即这个月的廿一日酉时开工可避潮。

3. 增加

谜底一般两个字以上，但猜者须在猜出的字上另加同一偏旁，才为谜底。如"交游不广"，"交游不广"说明没有什么朋友，所以可猜出"朋少"，因提示"打一化学药品名"，故再在各字上加同一偏旁"石"，变为"硼砂"，即为真谜底。

4. 减少

把谜面中字形的偏旁、部首、笔画加以削减，即为谜底。如明代有个叫徐文长的秀才，在一次浙江巡按史胡宗宪开门纳贤的时候，在会客簿上写道："青霄不见云头月，自古春无三日晴。"胡宗宪让幕僚们看，问何人能解。有个叫马丕进的人说，此乃谜语，"霄"去"云头月"为"小"，"春"无"三日"为"人"，谜底是"小人"。胡宗宪明白了，这是在骂自己身边的这些阿谀奉承之徒。这便是灯谜中典型的减少式。

又如著名的《断肠谜》："与子别了，天涯人孤单。盼春归，日落人已去。欲罢不能罢，你叫吾有口难分晓。好相交，把我抛弃得有上无下。皂白相去已明，缠绵分开何需刀。从今莫把仇人靠，千般相思一撇消。"相传这是南宋女词人朱淑贞所作，她受父母之命、媒妁之言嫁给了一个市井商人为妻。婚后，她与丈夫没有共同语言，精神生活十分贫乏，苦闷不堪。后来丈夫变心，她写下了这首词，词中充满悲伤与愤懑。有趣的是，每句话都可作为字谜的谜面，谜底正好顺次为"一、二、三、四、五、六、七、八、九、十"这十个数字。原来，"与子别了"中"子"无"了"为"一"，"天涯人孤单"中"天"无"人"为"二"，"盼春归，日落人已去"中"春"字落"日"去"人"则为"三"，"欲罢不能罢"中"罢"无"去"为"四"，"你叫吾有口难分晓"中"吾"去"口"是"五"，"好相交，把我抛弃得有上无下"中"交"有上无下是"六"，"皂白相去已明"中"皂"去"白"是"七"，"缠绵分开何需刀"中"分"无"刀"是"八"，"从今莫把仇人靠"中"仇"无"人"是"九"，"千般相思一撇消"中"千"无撇是"十"。虽然目前还不能确知究竟是朱淑贞在直抒胸臆的同时巧妙制谜，还是制谜者假借了朱淑贞之名，抑或是人们发现朱淑贞的词恰好可以作为字谜的谜面，但这种字谜在利用汉字特征制谜的同时，赋予了字谜优雅的文学色彩，确是不争的事实。

5. 错觉

谜面是对汉字字形的分析，但容易造成误解，需要利用错觉去寻找谜底。如："上不在上，下不在下，不可在上，止宜在下。"谜底是"一"。"一"在"上"字里并不在上方，在"下"字里也不在下方；在"不、可"两字里在上方，在"止、宜"两字里在下方。又如："先写了一撇，后写了一画。"谜底为"孕"。前句以"了"和一撇构成"乃"，后句以"了"和"一"构成"子"，合而为"孕"。利用错觉造成的字谜，比较典型的是谜面指明了谜底。如："一字九横六直，天下文人不识，有人去问孔子，孔子想了三日。"谜底为"晶"。谜面似在强调其难，不会往"三日为晶"方面去猜。有的甚至在谜面上直接标出了谜底。如："道士腰中两只眼，和尚脚下一条巾。虽然两个平常字，新进秀才想不清。""道士"谐"倒'士'"，即"干"，"两只眼"即在"干"中加上两点，则为"平"字；"和尚"的"尚"字下面加一"中"，便为"常"字。谜底是"平常"二字。

6. 以一定的文化历史知识为背景

有些字谜是利用历史文化知识制成谜面，如"田单火攻"，谜底为"解"。战国时燕国伐齐，齐国田单用火牛阵攻燕军，在牛角上绑上刀，尾巴上绑上火把，使牛冲入燕军阵地而获大胜。"牛角刀"合为"解"。这就需要了解其中的历史文化背景才能找到谜底。

人们通过字谜这种形式，对现代楷书汉字进行了种种不符合文字学原则的拆分离合，这种变幻莫测的形体离析过程不仅凸显了汉字本身的形体结构特点，也充分表现了人们对汉字形体结构的直观认识。研究字谜，揭示游离于正统文字理论之外的现代楷书汉字的民俗阐释特点。字谜是博大精深的汉字文化具体表现形式之一。

（二）对联

对联是汉字文化长河中的一个小小支流，是汉字文化和文学的融合而派生出来的独特现象。利用汉字的单音节和方块形体，创造出了连用一对字数相等、结构相同、语义相关、平仄相对的语句。

对联篇幅虽小，但其中蕴涵着丰富的语言艺术。在数量众多的对联中，有一部分对联充分利用了汉字的形体特点，或利用字音，或借助字义，巧妙构思，形成佳对。这类对联常表现为以下几种形式。

1. 析字

这是将汉字进行拆分、组合以达到特殊表达目的的一种用字方法。析字又可分为拆字和合字，前者是把一个合体汉字拆成几个相对独立而又各自有意义的部分，后者则是把几个汉字合成一个汉字。析字能够成立的原因是：汉字属于表意体系的文字，一个合体字由若干部件组成，而各个部件一般又具有独立的意义。如：

冻雨洒窗，东二点西三点

切瓜分客，上七刀下八刀上联拆"冻、洒"二字，下联拆"切、分"二字，同时巧妙营造出"冻雨洒窗""切瓜分客"两个语境，使拆字过程和创造意境过程融为一体，丝毫感觉不到雕琢的痕迹。

三国时，西蜀使臣张奉来到吴国，孙权设宴招待。酒席间，张奉言谈轻狂无礼，竟在孙权面前嘲弄了尚书阚泽的姓名。这时，吴国的一个小官薛综决定灭一灭张奉的气焰，便下座走过来敬酒，并向张奉说："蜀者，何也？有犬为独（独），无犬为蜀，横目勾身，虫入其腹。"张奉听后脸色立红，一时对答不上，只好说："那你就不能把贵国的'吴'字也讲一讲吗？"张奉本想堵住薛综的嘴，没想到薛综应声回答："无口为天，有口为吴，君临万邦，天子之都。"在座的吴国官员听后，一阵哈哈大笑，好不痛快。

一次，明代叶瑞邀杨慎、临安知府和钦差大臣等宴饮。为助酒兴，众人约定，以偏旁部首为酒令组字。杨慎以"水"字旁行一酒令云："有水也是溪，无水也是奚；去了溪边水，加鸟便成鸡（鸡）。得势猫儿雄似虎，退毛鸾凤不如鸡。"临安知府反应快，马上吟道："有水也是淇，无水也是其；去了淇边水，加欠便是欺。龙困浅滩遭虾戏，虎落平阳被犬欺。"轮到钦差大臣，只见他不动声色地吟道："有水也是湘，无水也是相；去了湘边水，加雨便是霜。各人自扫门前雪，休管他人瓦上霜！"

例中三人所吟都利用了汉字合体字字形可拆分的特点，充分运用了增笔、减笔等汉字修辞手段，所吟对联构思奇巧，表面上看是文字游戏，其实从各人的酒令都可看出其思想感情。

2. 联边

联边指上下联分别刻意连用三个或三个以上偏旁相同的汉字组成对联，以引起人们对其所表意义产生形象化的联想。联边具有形式和意义两方面的作用。形式上，相同偏旁能够形成一种类似排比的壮观气势，可以造成整齐规律的视觉美感；同时，由于偏旁本身也有意义，一组同旁汉字放在一起无疑可以渲染、加强对联整体的表达效果。例如：

泪滴汀江流满海

嗟叹嚎啕哽咽喉

上联均用三点水旁，渲染出泪水之多，有灌满江海之势；下联均用口字旁，标示着号啕之烈，一直哭哑了嗓子。同偏旁汉字的使用，为对联意义的表达起到了锦上添花的作用。

明朝宰相叶向高与陈达公交谊颇厚。陈达公是闽县大义乡人，曾任山西巡抚和雁门三关提督等职。有一回，叶向高回老家福清省亲，途中顺便去拜访已告老还乡的陈达公。陈达公见好友来，忙备酒款待。席间，陈达公以招待不周，语带歉意地说了句："宠宰宿寒家，穷窗寂寞。"叶向高略为沉思，应了句："客官寓宦宅，富室宽容。"遂成一奇对。

传说乾隆一次临江南科考，用当年诗人陈子升的一句诗"烟锁池塘柳"为题，让两名才华不分上下的举子对出下联。一人一见当场掉头就走，另一人想了半天只好悻悻而去。乾隆于是御点先走的为第一。众臣问其故，乾隆说："我此联为绝对，一般人很难对上。甲生能于瞬间判定这种情况，才华必高，故定为第一。"上联五字，嵌"火、金、水、土、木"五行为偏旁，且意境很妙。若干年后，终于有人对了下联："炮镇海城楼"。

这种利用汉字形体的修辞方式，能够直接或间接地刺激读者的想象，生出"言外之意""景外之景"，产生直观、形象、生动的表达效果。

（三）神智诗

神智诗又叫形意诗，因其设想新奇，故称神智体。其特征是字形的变化，靠字形大小、长短、正斜、圆扁、横竖、断续、正反等手法形成异常外观来显示诗所表达的意义。相传为苏东坡首创。

据宋代桑世昌《回文类聚》记载，宋神宗熙宁年间，辽国使臣出使大宋，夸自己能诗善赋。神宗皇帝让苏轼接待他，辽使用赋诗来为难苏轼。苏轼说："其实写诗是一件很容易的事，把写下来的诗读出来才是难事呢。"于是就在纸上写下一首《晚眺》给辽使看。苏轼一共写了十二个字。这十二个字或长写短写，或横写侧写，或反写倒写。辽国使者看了半天也读不出来，不知此诗写的是什么，此后不敢再自夸了。

那么，这首诗到底应如何读？上面十二个字的样子是："亭"字极长，"景"字极短，"画"字写的是繁体，里面缺了个"人"字；"老"字稍大，"拖"字横写，"筇"字竹头极细；"首"字反写，"雲"字中"雨""云"两部分中间断开，"暮"字下"日"斜写；"江"字右边曲写，"蘸"字倒写，"峰"字"山"旁侧写。依字全诗应是这样读："长亭短景无人画，老大横拖瘦竹筇。回首断云斜日暮，曲江倒蘸侧山峰。"诗中景物有动有静，犹如一幅生动的画面呈现人们眼前，读来令人感觉妙趣横生。

相传潮州才女尤孟娘，思念情人不至，作了《闺怨》一诗，应读为："斜月三更门半开，夜长横枕意心歪。短命到（倒）今无口信，肝肠（长）望断无人来。"

神智体诗以意写图，以诗入图，看图读诗，令人叹为观止。这些诗构思巧妙，或抒情，或叙事，或状物，或绘景，从不同侧面反映了古人的幽默、诙谐、机智、风趣的性格和驾驭文字的高超艺术修养。

第二章　小学识字教学中汉字文化蕴涵的融入研究

本章首先介绍古老的汉字，继而介绍汉字的文化蕴涵及其与识字教学的关系，最后阐明识字教学的文化价值取向。

第一节　古老的汉字

汉字历史悠久，是世界上唯一未曾中断使用而延续至今的表意文字系统。作为一种书面语言交际符号，汉字从诞生之日起，始终伴随着汉民族的文化进程，在履行交际职能的同时，又以其独特的表意特征和内部构成形式，承载了极其丰富的历史文化积淀。

在中国古代社会里，汉字享有崇高的地位，正如《说文解字·叙》中所说："盖文字者，经艺之本，王政之始。前人所以垂后，后人所以识古。故曰：'本立而道生。'知天下之至赜而不可乱也。"中华人民共和国成立后，汉字的重点在于探索汉字的拼音化道路。许多文字学家提出要全面科学地看待汉字，既看到汉字的优点，又看到汉字的缺点，从实际出发探讨汉字的理论问题和应用问题。像张志公在《汉字鸟瞰》中举出了汉字的两条优点：一是，汉字与汉语相适应。主要表现在：汉语是非形态语言，不用音素来表示形态变化；且以单音节语素为主，正因为这样，汉字才会用一个符号来表示一个音节、一个语素。二是，不可小视汉字形体所起的作用。汉字形体的作用有两条：（1）有利于阅读；（2）如果运用得当，有助于发展智力和阅读训练。关于汉字的缺点，张志公先生认为：一是，初学困难。在初学阶段，在五百字以内直到千把字以内，学起来相当困难，因为在这个阶段学习汉字是很难跟语言联系起来的。二是，国际文化交流难。三是，文字的记写和传输机械化难。至此，不难看出，人们对汉字的评价已从非褒即贬发展为可以一分为二。近年来，随着人们对汉字研究的不断深入，尤其是引入认知心理学的理论来研究汉字，人们开始重新审视学生认知汉字的特点，认为与拼音文字相比，汉字的冗余度最大，记忆的信息量最小，较拼音文字易学，而且汉字属音节文字，常用字构词能力强，是拼音文字不能比拟的，等等。还有研究显示，汉字本身的特性，使得汉字排除了同音混淆的障碍，复合构词抑制了词汇量的恶性膨胀。汉字个性化强，利于记忆；占用空间小，信息含量大，从而便于高速阅读；汉字是复脑文字，有利于人脑的全面开发。在各个方面汉字都表现出巨大的适应性和优势。随着计算机中汉字信息处理系统不断得到完善，古老的汉字在 21 世纪的今天，又焕发出新的青春活力。

古老的汉字之所以能沿用至今，是因为它在数千年的历史发展中与汉语、汉文化紧密联系，建立了一套较为系统、科学的文字体系。它一方面顽强地维护着自己的表意文字特点，另一方面又随着时代的发展不断地为适应它所记录的汉语而进行内部调整，成为世界上最古老的、至今仍在使用的表意文字，成为世界文字史上的"活化石"。

第二节 汉字文化与识字教学的关系

一、汉字文化与识字教学的关系

在识字教学中借助字理(汉字的构形理据)及其文化蕴涵是由汉字文化特性所决定的。"汉字是表意文字，早期的汉字是因义而构形的，也就是说，汉字依据它所记录的汉语语素的意义来构形，所以词义和据词而造的字形在汉字里是统一的。"[①]

例如：坐(㘴)，会意字，二人对坐在土(⊥)上。汉代以前，人们坐时两膝着地，臀部压在脚跟上。这个"坐"字反映了我们祖先的坐姿。坐，相对于走是静态的，因此引申出房屋位置的"坐落"，能确定一个点在空间的位置的"坐标"，固定在一个地方的"坐地"，对别人的成败采取静观态度的"坐观"等义。又如：座，是汉代以后造的字，会意兼形声

---

① 王宁. 汉字汉语基础[M]. 北京：科学出版社，1996：78.

字，从广（音yǎn）从坐，表示在屋里就座，含义是"坐具"。座位、座右铭、座上客的"座"，都是坐具的意思，都是名词。由坐具引申出器物的托，如"瓶座""炉座"。又由器物之托引申为器物的量词，如"一座台灯""一座建筑物"①。

汉字的外在形体和其负载的深层文化是一体的、密不可分的。我们永远无法将汉字蕴涵的文化同其形体剥离。这就如同无法将一个人的外在形体骨骼与其内在思想灵魂割裂开来一样。从这个意义上讲，借助汉字字理及其文化蕴涵进行识字教学不仅仅是一种识字方法，更是识字的根本。识字教学不是为了讲汉字文化而识字，而是识字教学无法将汉字文化剥离。

此外，汉字构形特点与小学生认知发展规律相吻合。（1）空间知觉在汉字的认知中起着重要作用。首先是形状知觉。我国儿童入学识字年龄是六岁。这个年龄的孩子由于不熟悉抽象的图形，所以倾向于把图形和具体的事物联系起来去感知和理解。识字教学中对于像"日、月、山、川"等独体象形字，从实物图片的展示到概括的抽象图，再到小篆，最后是现代楷书的呈现过程，恰恰是引导学生从具象到抽象过渡的好方法。把这样的字的演变说清楚，使儿童了解客观事物和抽象符号之间的关系，再利用这些简单的符号去构成复杂的符号，就减缓了上升的坡度。再说方位知觉。刚到学龄的儿童总是以自身为基准来辨别方位的，在辨别左右这种相对关系时经常出错，直至10岁或11岁才能完全掌握这个相对的概念。在学习像"降""都"等带有左"阝"或右"阝"部件的汉字时，常常分不清左右。如果在学习时能够搞清左"阝"是"阜"的变写，甲骨文（𨸏）像古人在其所居的山坡上挖出的供上下用的脚窝形，犹如后来的楼梯，再学习"降"时，联系右边代表两只"脚"的部件，便能体会一前一后两只脚从高坡上往下走的样子，从而理解"降"的本义，同时记住左"阝"。右"阝"是"邑"的变写。"邑"（𨙨）是会意字，甲骨文从口（区域范围），从𢀖（跪坐之人），指人居住的地方。因此，"都""郊""邻"等字均与居住之地有关。（2）注意。学龄初期儿童的注意能维持20分钟左右，无意注意仍占重要地位。在识字教学中，利用汉字因义构形的特点让儿童因义记形，在吸引儿童注意的同时可以帮助他们理解汉字的构字规律。（3）记忆。学龄儿童的意义记忆相对于机械记忆越来越占优势。由于汉字的构形是有理据的，在识字教学中利用汉字字形与构意之间的内在联系去帮助儿童识记，恰恰是一种典型的意义记忆。这对于小学儿童学习并理解汉字来说，是非常有意义的。（4）思维。有

---

① 若谷. 话说汉字[M]. 江西：江西教育出版社，2001：185.

学者认为认识汉字的过程本身就是思维训练的过程。汉字是儿童最先接触到的自成体系的视觉抽象符号，这给儿童的感知、注意、记忆和思维提出了一系列新的课题。世界上的万事万物都是具体的，这些具体事物进入语言中就以词的形式高度概括起来了。但当儿童听到或说到一个词的时候，他脑中浮现的还是某个最容易联想起来的具体事物，现在要他把在口语中早已建立的声音和意义之间的联系与汉字这种特殊的抽象符号挂起钩来，就必须找到一些合理的途径。在许多汉字中，也确实存在着某些引起联想的线索，例如偏旁、部首以至笔画、轮廓等。这本身就需要有一定的分析、综合能力。这给予学习者的就是思维的训练，其作用和影响远远超出学会这个字本身。

二、识字教学的文化价值取向

学生学习语文，首先接触的就是汉字。这种接触不能仅仅看作是文字的接触，而更应将其视为中华文化熏陶的发端。识字教学是语文教学的有机组成部分，与阅读、写作一样具有多重功能和奠基作用。教育部基础教育司在《关于当前九年义务教育语文教学改革的指导意见》中明确指出："识字教学应充分考虑汉字的特点，以提高识字教学效率；同时，让学生在识字过程中初步领悟汉字的文化内涵。"发掘汉字的文化内涵，让学生在学习汉字过程中认识中华文化的丰厚博大，吸收民族文化智慧，逐步形成积极的人生态度和正确的价值观，提高文化品位和审美情趣，最终形成语文素养，理应成为识字教学的上位目标追求。正如王宁先生所说，小学识字教学必须提到全民汉字教育的高度来认识，识字教学的目标不应当仅仅是把汉字当成记录语言的工具来提供读写，而且要在此同时，发挥它的培养思维能力和培养民族自尊心的更高功能。

有学者从"情感态度与价值观""知识与能力""过程与方法"这三个维度提出识字、写字的教学目标，并且首先强调了情感态度方面的要求，具体表现在两个方面：其一，重视识字、写字兴趣和良好习惯的培养。例如，第一学段提出"喜欢学习汉字，有主动识字、写字的愿望""努力养成良好的写字习惯"，第二学段提出"对学习汉字有浓厚的兴趣，养成主动识字的习惯"。其二，强调通过识字、写字提高学生的审美情趣。例如，在第一学段提出"初步感受汉字的形体美"，从第二学段开始注意"用毛笔临摹正楷字帖"，通过书法练习，要求"在书写中体会汉字的优美"（第三学段），"体会书法的审美价值"（第四学段）。在识字、写字教学目标中强调情感态度方面的要求，体现了语文课程"工具性与人文性的统一"。学生学习识字、写字，不仅为了掌握一种交际工具，而且要了解汉语言文字中所蕴涵的丰富的文化信息，培植热爱祖国语言文字的情感。故而，从文化视角实施识字教学有着重要意义，具体表现在以下四个方面。

（一）激发学习汉字的兴趣

兴趣是人们积极探索客观事物的一种认识倾向，它能极大地提高大脑皮质的兴奋状态，增加快乐的情绪。就识字而言，小学生只有对汉字产生了需要，才可能对识字产生兴趣。教师在实际教学中通常利用评比、奖励等间接方式调动学生学习汉字的兴趣。不能否认间接动力在一定阶段对刺激学生的学习兴趣有明显的作用，但绝不是持之以恒的学习动因。学习心理学的研究也表明，学生对学习的不竭动力主要来源于学习的内驱力。在识字教学中，注意挖掘汉字本身携带的知识、趣闻、故事、历史，促使学生的学习动机由外在转向内在，从对外部奖赏的追逐转为对知识本身的兴趣。识字教学的手段需要触及汉字的本质特点，使小学生从内心产生对汉字的需要。汉字结构的表意特质与儿童直观形象的思维特点恰恰不谋而合，所以，在识字教学中，借助图画、实物、动作、表情等直观手段，把抽象的文字符号具体形象化，可以帮助学生了解汉字形、音、义的来龙去脉，激发学生的识字兴趣，提高生字的记忆效率。例如：教学"笔"字，可用实物(毛笔)进行直观说明；教学"看"字，可让学生做一做像孙悟空那样的以手遮目的动作；教学"坐"字，在展示彩图(二人在土上对坐)的基础上，引导学生联想古人席地而坐的情形。这种直观形象的教学，不仅符合小学生形象思维的特点，更能激发小学生与生俱来的好奇心和强烈的求知欲，提高学习兴趣。

（二）提高识字效率，培养识字能力

汉字的构造是有规律可循的。象形、指事、会意、形声是汉字的造字法。象形、指事造出独体字，形声、会意造出合体字。独体字大多是基本字，基本字是构成千千万万个汉字的"基本零件"。也就是说，合体字都是由基本字和部件构成的，基本字同时多可充当偏旁，如果学生掌握了基本字的字形和本义的关系及基本字的读音，就可帮助学生独立学习汉字。如学习"请、情、清、晴、睛"一组形声字，当学生弄清"青"字主要表音，所以这几个字的读音相近，由于它们的形旁不相同，所以它们的意思不一样，并会根据形旁了解字义时，学生就逐步掌握了汉字本身的规律和识记方法，就可以在其他生字的学习中举一反三，触类旁通，形成并提高识字能力了。

（三）预防与减少错别字

小学生的错别字问题十分常见，其错误具体表现在以下几方面：从错字看，一种是增减笔画，如把"休"写成"体"等。另一种是用错字根。许多汉字是由若干个字根组成的，用错一个或几个字根的现象屡见不鲜，如把"冠"写成"寇"等。从别字看，一种是同音替代，如把"篮球"写成"蓝球"等。另一种是形近替代，如把"乌"写成"鸟"等。不懂得汉字构成的内部规律及汉字文化蕴涵是小学生写错别字的重要原因之一。巧妙地、恰到好处地向学生讲清字理，让学生明白汉字的字形构造原理，学生便会很快掌握字的形、音、义，并增加了用字时的目的性和自觉性，减少了盲目性和随意性。这样一来，学习中的错别字定会大大减少。

（四）弘扬汉字文化

语文是文化的载体，语文之于文化传承，具有十分重要的意义。语文教育是用全人类的文化神韵去滋润学生的心田，引领他们登堂入室，领略人类文化大厦的恢宏气势和美丽姿态，充分享受徜徉在人类文化之中的无穷乐趣。因此，成功的语文教学，应该是任重而道远的文化之旅。汉字独特的形体本身就蕴涵着丰富的文化意蕴和文化资源。如果在教学中不能理解和把握由汉字构成的汉语言的文化特征和意蕴，只将其作为简单的信息符号来处理，那么，汉语言丰盈的文化内涵、灵动的文化精神就会在语文教学中枯萎、流失。因此，识字教学要致力于促进学生文化素养的形成与发展，把识字教学作为体认文化的过程，使学生在识字的过程中得到文化的陶冶和精神的洗礼，培养学生对汉字的感情，使他们更好地理解和体会汉字的文化，培养他们对汉字的审美心理和意识，是我们教育工作者义不容辞的责任。

第三章　小学识字教学中的字理教学法研究

本章着重谈借助字理进行识字教学的问题。首先重新界定字理识字的概念，之后从学生和教师两个方面分析当前识字教学中存在的问题，提出字理识字教学需要遵循的四个基本原则，最后介绍字理识字教学的基本策略。

第一节　字理与字理识字教学法

何为字理？为何谈字理识字？

汉字是表意文字，早期的汉字大多是根据汉语中某一个词的意义来构形的，因此，汉字的形体中总是携带着可供分析的意义信息。寓于汉字字形中的意义信息，使汉字形体的构造具有可解释性。根据词义而形成的汉字构形意图，我们称为构意，也就是汉字的构形理据，简称字理。

字理识字教学法是一种系统的、科学的识字方法，形成于 20 世纪 90 年代。"字理识字教学法是依据汉字的组构和演变规律，从汉字形与义、音的关系入手进行识字教学的方法。"此识字方法抓住了汉字最本质的特点，把识字过程变为分析、理解、记忆汉字音形义的过程。这种识字方法显示出强大的优势，"有利于辨析形近字"，"有助于系统地掌握汉字"，"有助于掌握词义系统"。但是作为一种识字方法，它也具有本身难以克服的局限性：现代汉字并不都有字理，生硬的、编造的讲解反而会扰乱汉字构形的系统性，破坏已经取得的成果。

我们这里说的"字理识字"，内涵更为丰富，凡是基于汉字文化蕴涵，以文字学理论为指导的识字都称为字理识字。

第二节 当前小学识字教学中存在的问题及其分析

一、学生的错误

小学生语文学习中的错别字现象严重，错误的范围广，种类多，频次高，这已经成为语文教师最头疼的一件事。错别字是错字和别字的总称，指人们在书写汉字时写错或用错了字。"错字"是指写得不正确的字，即由于多笔、丢笔、结构错误等原因，写成不是汉字的字；"别字"是误用了形体相近或字音相同（相近）的字代替应写的字。下面列举学生写错别字常见的五种现象。

现象一：先读错音，后写错字。如"不假思索"，本读作"bù jiǎ sī suǒ"，可常常被错读作"bù jiā sī suǒ"，加上错误地将该词理解为"不加以思考"而将其错写为"不加思索"。又如把"活泼"误写为"活波"的现象严重，在一个班中错误率高达24%。经调查①，大部分写错这个字的学生都是将"huó pō"读成了"huó bō"。"波""泼"两字属于音、形均相近的字，这就更增加了错误的概率。

现象二：因字形相似或相近而写错。像"宠"和"庞"的字形非常相似，很容易写错。"既"和"即"也是两个形近易混的字，而且它们的字音也相近。调查发现，学生在这两个字的使用中，错误率高达60%②。

现象三：因读音相同或相近、字形相似而用错。如在学习了《游子吟》后，教师在学生的默写作业中发现全班46人中竟有12人将"谁言寸草心，报得三春晖"中的"晖"错写成"辉"③。

---

① 数据来源于首都师范大学初等教育学院 2009 级中文方向耿晓飞同学在实习中所做的调查。
② 数据来源于首都师范大学初等教育学院 2009 级中文方向耿晓飞同学在实习中所做的调查。
③ 数据来源于北京市顺义区杨镇中心小学教师所做的调查。

将《浪淘沙》中"九曲黄河万里沙，浪淘风簸白天涯"的"涯"（表"水边"）错写为"崖"（表"山边"）和错字"滩"。

现象四：因读音相同或相近、含义相近而写错。如"不省人事"错写为"不醒人事"。由于"省"与"醒"同音，加上"不省人事"有"人昏迷，失去知觉"的含义，再联想到"醒"有跟昏迷不醒相对的含义，于是便将二者混同了。

现象五：因词组中另一个字的偏旁的影响而写错。如"搭档"的"档"，因为"搭"的偏旁是"扌"，便将"搭档"写作"搭挡"。

以上五种现象看似都是因为汉字的音近或形近造成的混淆，但如果从汉字性质和构形特点角度仔细分析，就不难发现：学生识字的困难主要来自汉字形义联系的建立。

以"即"和"既"为例。甲骨文的"即"字——，左边是一只高脚的豆（一种食器），上面盛满了食物，右边是一个跪坐的人形，像一个人准备进食的样子。它的本义是"就食"。要就食必须走近食物，所以"即"字又有"走近""靠近"之义，如成语"若即若离""可望而不可即"等；后来又虚化为副词，有"马上""立刻"之义。甲骨文的"既"字——，左边为一食器，右边一个跪坐的人，头向背后扭转，不再看摆在面前的食物，表示已经吃饱了，准备离开。它的本义为"完""尽""结束"等义，又虚化为时间副词，表示"已经"的意思，如"既然""既往不咎"等。如果学生能够清楚这两个字与其构意之间的联系，那么对于"立即"和"既然"这样的词也就不会混淆了。

又如"不省人事"中的"省"字，会意兼形声字。甲骨文（）从目，从生，会目生荫翳之意，生也兼表声。金文（）稍繁。篆文（）误将金文的（生）写成似"眉"非"眉"的。隶变后楷书分别写作"省"与"眚"，表义有分工。"省"本义为视察、察看，后引申出"觉悟、明白"的意思。"不省人事"除了"指人昏迷，失去知觉"的意思外，还指"不懂人情世故"。其中的"不省"是"不察、不知、不明"之义。

再如，孟郊的《游子吟》中"谁言寸草心，报得三春晖"一句，写成"辉"的大有人在。在与学生的访谈中发现存在三种情况：第一种是"不会写，用同音字替代了"，第二种是"母亲对孩子的爱是伟大的、光辉的，所以是光辉的'辉'"，第三种是"两个字都行吧，不知道"。可见，学生写错这个"晖"字一方面是对两个字（"辉"和"晖"）的区别不清楚。"辉"，形声字，从火，军声，泛指"光耀"。而"晖"，形声字，从日，军声，侧重指"日光"。另一方面则源于对诗歌意象的不理解。诗人用通俗形象的比兴，加以悬绝的对比，寄托了赤子炽烈的情意：对于春天阳光般厚博的母爱，区区小草似的儿女怎能报答于万一呢？这里的母爱不是光芒万丈、辉煌炫目的(辉)，而是像哺育、滋润万物生长的不可或缺的阳光(晖)。

类似这样的错误不胜枚举。曾经有教师归纳出低年级学生识字中常出现的问题①：

其一是字义区分不清，如：

坐	在	气
座	再	汽

其二是字形混淆，如：

1. 该有的笔画丢了，不该有的笔画加上了：

吃　气(右半部分、中间的横)

式　浅(最后一笔撇)

候 侯 猴(中间的一竖)

酒　洒("酉"字里的小横)

低 底 纸(点)

扰 优 宠(撇)

忽　匆(点)

足　是(中间的一横)

浇　浇(多一点)

舒　芧(撇)

步　步(下半部分写成"少"，即多一点)

2. 形似字：

己　兔　柿　窝　抢　喇　喝　挺　蜓　波　拔

已　兔　肺　离　轮　刺　渴　延　诞　波　拔

3. 结构：

满　蒲(写成上下结构的字)

薄　溥(写成左右结构的字)

---

① 北京市顺义区天竺中心小学张冬霞、王学利老师对低年级识字教学中常遇到的问题的归纳(来自首都师范大学初等教育学院教师专业发展研究课题组收集的资料)。

4. 其他：

当　　　兴(头混淆)

放 游 故 激(部首混淆,把"攵"写成"夂")

菜 采 彩("爫"和下面的"木"用一笔穿下来,与"出""串"等字的写法混淆)

贺　　　宽(下面的"贝"写成"见")

区　　　囚(开口的方向反过来)

身　　　身(最后一笔不出头)

……

　　这些问题带有普遍性。由于自身的心理发展水平有限,感知较为笼统,儿童不能精确地辨认字形的细微差别;由于空间知觉发展水平低,儿童不能正确感知字的空间配置;由于分析、综合能力发展不完善以及已有的构字知识水平的限制,儿童在辨认字时不善于把笔画、部件等元素组块①进行感知,这就增加了认识字形的困难。单纯重复、一味强调似乎都没有解决问题,年复一年,每批孩子都是重复这样一些错误。难道真的就没有解决的根本途径吗?通过前面列举的现象不难发现,似乎汉字字音或字形的相同或相近是造成学生混淆出错的原因,然而究其实质,为什么学生会混淆?是因为看起来差不多,但又不知道这些细微差别背后的意义。换句话说,汉字是一种形与义联系甚为密切的文字,在识字教学中这种联系却被忽视了,于是,汉字字形的学习变成了一种机械记忆,随着所学汉字数量的增多,记忆的负担便越来越沉重,出错便在所难免。

二、教师的问题

　　我们可以把小学生在识字中面临的困境和经常出现的错误看作是问题的现象,造成这种现象的原因基本上涉及三个方面:汉字、学生、教师的教学。汉字的形体结构不可改变,学生的心理发展阶段无法跨越,唯一能够调整的似乎就是教师的教学了。那么,我们首先需要了解教师在识字教学中通常是怎么做的。

(一)汉字符号化,分解组合,加加减减

　　很长一段时间里,教师在教学中注重培养学生独立识字的能力,尝试用各种方法提高学生的识字效率。习惯常使用的主流教法,大概就是"独体字分析其笔画,合体字分析其

---

① 组块,是指将若干较小单位联合成熟悉的、较大的单位的信息加工,也指这样组成的单位。

结构"的字形分析方法。似乎每个孩子都能运用这样的"分解—组合"思路学字、记字。如①：

师：小朋友，怎样记"菜"字？

生："菜"，上下结构，上面草字头，下面是"采"字，合起来是"菜"字。

师：还有其他记字方法吗？

生："菜"，上面草字头，下面"彩色"的"彩"去掉三撇，合起来是"菜"字。

师：很好，还有其他方法吗？

生："菜"，上面是"辛苦"的"苦"去掉"古"，下面是"彩色"的"彩"去掉三撇，合起来是"菜"字。

师：很好，还有其他方法吗？

生："菜"，上面是"花"字去掉"化"字，下面是"彩色"的"彩"去掉三撇，合起来是"菜"字。

师：很好，还有其他方法吗？

……

在这样的课堂上，学生自己找到的记字方法看似很多，课堂上的识字效率看上去也很高，但究其实质，汉字仅仅被当作一种抽象的符号，学生做的都是一些拆分组合，加减笔画、部件的工作，每个字的字形与字义之间的联系均被割裂开来。随着识字量的增多，诸如"一学就会""一放就忘""一用就错"等问题，还是使不少教师感到困惑。

如学生经常将"衤"和"礻"搞混。学习"初"字时，为了纠正学生的错误，教师反复强调"初"字是"衤"旁，千万不要丢掉那一点。苦口婆心，费时费力，结果学生照旧写错这个字。学生还常写错"既"和"即"、"寇"和"冠"等字，对"具、染、轨、武"等字也常常少写一横或多加一点（撇），教师经常强调，却也总难见效。记得一位教师在她的教学叙事中曾讲述这样一件事②：

记得在我刚接那个四年级班时，第一天开学，我让学生到我的前面一个挨着一个来写名字。现在的家长总是喜欢给孩子起生僻字，我怕闹出笑话读错了，于是就让学生自己到前面写名字，并且告诉我他叫什么名字。记得这个叫敬祥的孩子将自己名字的"祥"字的偏旁多写了一点成了"衤"。我一看，"祥"字写错了，立刻说："'祥'字没有这个点。"他红

---

① 倪文锦. 走进课堂——小学语文新课程案例与评析[M]. 北京：高等教育出版社，2003：24.

② 节选自北京市顺义区高丽营第二小学陈雪莉老师的教学案例《三年没教会他写一个"祥"字》。

着脸回去了。我当时以为他一时马虎写错了，就没在意，可是在作业本的封面上，他又把名字写错了。我又一次向他强调："'祥'字没有这个点。"在以后的本子中，他时常把这个字写错，我于是又一遍一遍地向他强调："'祥'字没有这个点。"每次他都点点头。在期中考试前我还特意告诉他："敬祥，不要把名字写错了。"判完试卷，在分析试卷时，三班老师问："二班这个孩子是叫敬祥吗？怎么教的，连名字都写错了。"虽然是一句玩笑话，但我面子上很难受，于是我就拿着试卷急匆匆地到班上，"我告诉你多少遍了，写名字都写错了，记住了没有？这个字没有点，四年级了，一个字都记不住。"此后，他的名字有时能写对，有时又写错了，我还是反反复复地强调："'祥'字没有这个点。"因为我相信书读百遍，其义自见，我强调百遍，他自然会记住的。事实总是和我想的不一样，在六年级毕业考试时，他又把名字写错了。我默默地告诉自己：算了，他已经毕业了。

一句"算了，他已经毕业了"，其中有多少无奈与遗憾啊。学生"衤""礻"不分，是因二者实在太像，搞不清多这一点和少这一点有什么不同。"礻"是"示"的变体。"示"是个象形字，其甲骨文形体很像我国远古时代祭祀用的灵石台，上面放置祭品，示于光天化日之下，给鬼神看并享用，所以又引申为"给人看""表示"等[①]。因此，在汉字中凡由"示"字所组成的字大都与崇拜、祝愿、鬼神、祭祀有关，如"福、祐、祝、祥、神、祖、祀、祈、祷"等字。而"衤"则是"衣"的变体，凡从"衤"的字，大多与衣服和布匹有关，如"衬、衫、袍"等。如果学生掌握了这样的规律，难道他们还会将"衤""礻"用混吗？还用一遍遍地死记硬背什么时候该加一点、什么时候该减一点吗？

（二）以记形为目的，曲解汉字，编造字理

例一：在《我是什么》一课中，有个生字"器"，一个教师是这样引导学生记字的：

师：给"器"字编个字谜让大家来猜。

生1：四个大方口，力气大一点儿。

生2：四口咬掉狗尾巴。

师：老师也来编一个，"一只大狗真奇怪，四个大口张起来"。

例二：一个教师这样给学生讲解"富"字：

师问：同学们，你们知道什么叫"富"吗？

学生猜测（略）。

---

① 左民安. 细说汉字[M]. 北京：九州出版社，2006：374.

师："一家一口人一亩田"就叫"富"。所谓的"一家"，指的就是"宀"；"一口人"指的就是中间的"一"和"口"；"一亩田"指的就是下面的"田"。

例三：一个教师在教学论文中谈及如何培养学生学习汉字的兴趣时，举了这样一个例子：

在讲"喜"这个生字时，为了帮助学生记住这个字的字形和字义，我编了一首歌谣："上村十一口，下村二十口，村村人口多，欢乐不发愁。"运用歌谣的方式进行识字教学，形式活泼，通俗易懂，深受学生的喜欢，教学效率大大提高了。

例四：一个教师在讲"题"字时，对学生讲：

同学们，老师告诉你们记住"题"这个字的方法："书'是'一'页'一页翻的。"

为了增强识字的趣味性，降低识字难度，很多教师会创编一些儿歌、字谜等来说解汉字。如"碧"，有教师将其解释成"王老头，白老头，坐上大石头"。又如"春"，被解释成"三人去看日"，而"祭"被分解成"桌子上放着个盘子，盘子里放了一块用叉子叉住的肉"。诸如此类曲解汉字的情况比比皆是。眼前的问题似乎解决了，更多的麻烦却跟着来了。就拿"题"来说，"题"是个会意兼形声字，从页，从是，是兼表声。金文写作 𩑳，左边 𣥺（是，表示正），右边 𩑞（页，表示头），合起来表示头的正中，即额头。学生学习的以"页"做形旁的字还有很多，如"顾、颈、项、颜、顶、须、烦"，如果"题"被曲解成"书是一页一页翻的"，那么其他带"页"的字和"一页一页"的书又有什么关系呢？"页"是会意字，甲骨文写作 𩠐，上面是 𦣻（首，人头），下面是 𠘧（儿，跪踞的人），合起来表示人的头。所以，在汉字中以"页"为部首的字都与人的头部有关。只有这样解读，学生才能做到学好一个字，带起一串字；否则，就是学了一个，乱了一片。

在"器"字的教学中，无论是学生还是教师，把顺口溜都编得很容易帮助记忆字形，然而"狗"和四个"口"与"器"又有什么关系呢？见形便知"器"字由"犬"和四个"口"组成。这里的"口"指的是可以装东西的器皿，表示许多器皿集中堆放在一起，有狗（犬）在中间看守。这样的构意理解并不比杜撰的意思更难，何苦要给学生留下个错误的印象呢？

再说"碧"，曲解的记法虽然新奇有趣、押韵易记，但与"碧"的字义又有什么关系呢？学生记"形"而不明"义"，怎能算是学好了汉字呢？"碧"是个会意兼形声字，从石，从珀（琥珀），意思是像琥珀般的玉石，珀兼表声；本义是青玉，引申泛指青绿色。学生理解了"碧"的形义关系，不但容易记"形"，而且还能因"义"加深对课文的理解。比如在学习杨万里的一句"接天莲叶无穷碧"时，学习老舍《草原》中的"一碧千里，而并不茫茫"时，对

"碧"字的细致理解会增强形象感，扩展广阔的想象空间。

"富"是会意兼形声字，从宀，从畐(fù)，畐兼表声。甲骨文写作🔲，∩(宀)表示房屋，🔲(畐)表示酒坛，合起来用家里有酒表示家境宽裕。远古时代粮食匮乏，酒又是用粮食酿成的，所以家中有酒是生活宽裕的标志。家中有田，并不能代表富裕，因为那个时代亩产量是很低的。我们不能用当代社会的思维去解读几千年前所造的汉字，否则会闹出笑话的。

"喜"是个会意字，从壴(zhù)，从口。甲骨文写作🔲，上面是🔲(壴，鼓的象形)，下面是🔲(口)，合起来表示击鼓相庆，开口而笑的意思。显然，前面的那个教师把"喜"的上下结构讲成上、中、下结构，把"壹"下面的"亠"说成"卄"(二十)，把字形也讲错了。

例五：在学生认读了生字的音节后，教师让学生说说自己怎么记字形。

生：我这样记"庆"字，广场上有一个大人就是"庆"。

师：这个办法好。

生：我记"献"字，"南方有一只猎犬"。

师：南方有一只狗，狗就是犬。

生："帜"字，毛巾围着一只鸡。

生："曲"字，太阳被射了两箭。

……

上述识字教学的片段，反映了我们教学工作中对识字教学的一种误解：简单地想办法记住字音和字形，而对于汉字所蕴涵的深刻的文化意蕴却只字不提，或编造字理。长此以往，学生虽然知道了汉字的字音字形，却不清楚它丰富的内涵，只作为抽象符号识记，或误解其内涵，这对于传承优秀的中华文化、培养学生的语文素养将是一种缺失。

（三）为讲字理而讲字理

随着语文课程改革的不断推进，越来越多的教师也在把上出有文化底蕴的识字课作为自己的教学追求，并尝试在汉字教学中融入字理。

例一：一个教师在讲《两件宝》时对"双"字的处理：

教师出示两个字：双(shuāng)　　　　又(yòu)

师：文字特别有礼貌，仔细看看，你们发现了什么？

生：我发现了"双"是由两个"又"组成的。

生：我发现左边的"又"的那一笔捺变成点了。

师：你们观察得真仔细。

随后，教师在黑板上"双"的左边写下了"雙"，并指着解释："这里的'又'就是一只'手'，'隹'是短尾鸟，两个'隹'就是一对儿、一双。所以'雙'有一手持二鸟的意思。古人用这个字表示'双'。"

例二：一个教师在讲生字"神"时这样处理：

首先，出示"神"字的古字形祁，教师对着图片讲解："左边是'示'，右边是'申'，是闪电的象形。"然后，出示"电"的字形演变图：電（金文），雷（篆文），電（隶书），电（楷书）。继而饶有兴趣地讲解："'电'是会意字，上面是'雨'，下面就是闪电的象形'申'，合起来表示下雨时的闪光，即闪电。后来经过字形的演变，汉字渐趋符号化，到隶书时，'申'就写成了'电'，而到楷书时则省掉了上面的雨字头，变成了一个象形字。"最后，再回到"神"字的字形。教师继续讲解："在'祁'字里，表示闪电的形象'申'，经过字形的演变，到楷书时，原来表示闪电的形状没有了，'示'也简化为了'礻'，就写成了'神'。古人认为闪电的威力很大而且非常神秘，所以就用闪电表示神，表示对神的崇敬。"

由上述两个例子不难看出，教师都在识字教学中有意识地借助字理帮学生识字，力图通过字理在汉字的形与义之间建立内在的联系，这种探索是非常有益的。然而两个例子暴露了同样的问题：过分关注字理，把简单的楷书汉字人为地繁复化了。现代楷书的"双"，是由繁体字简化而来的，其简化方式是用了繁体字的一部分。繁体字的"雙"与小篆很相像，能够看出汉字造字之初的构意。简化后的"双"依然较好地保持和维护了汉字的表意示源功能，"双"的左右两个部件"又"，各是一只"手"，两只手是一"双"。而"神"是个会意兼形声字，楷书是从示从申（闪电）的会意，申也兼表声。本义为天神。教学中引导学生按照左右两个部件记忆即可。上面第二个案例中将"申"的变化细细讲解，人为地将这个简单的汉字记忆过程复杂化了。因此，在小学儿童的识字教学中，对"双"和"神"完全不必追溯到小篆或汉字的演变过程去帮学生建立汉字"形—义"的联系，除非是要以讲清字理为目的。如"双"解释为"两个'又'字做朋友"，就很好。那种为了体现汉字的文化内涵，让学生把所学的汉字一一进行字理的分析，从汉字的来源到经历的历史过程，精细到汉字字形的细微变化，无限制地追本溯源的做法，增添了识字本身的复杂性，无形之中加重了学习的负担。

三、该有的思考

学生在识字过程中经常出现的错误和面临的困境，以及教师在识字教学中暴露出的种种问题，使我们必须思考几个问题：学生究竟为何识字？当前小学语文教师的汉字文化素养够不够？教师对运用字理及汉字文化蕴涵实施识字教学的认识是否正确？教师借助字理帮助学生识字的教法是否科学合理？

(一)对识字教学目标的认识存在误解

教师要从"知识与能力、过程与方法、情感态度价值观"三个维度确定教学目标，培养学生综合的语文素养。"识字与写字"目标的全面性，不仅能使学生在小学阶段认识大量的汉字，为阅读和习作乃至终身学习奠定坚实的基础，而且还会培养学生热爱祖国语言文字的感情，培养学生主动识字的愿望和习惯，使学生具有较强的独立识字能力，能把字写正确，写美观，同时也体现了语文工具性和人文性的统一，体现了新的课程理念。因此，识字教学的教学目标，最核心的是全方位利用汉字育人功能，培养学生综合的语文素养。

然而，识字常常只是为了阅读，文字彻头彻尾只凸显工具特性。一方面，"认识"成了识字教学的终极目标，随着学前儿童识字量扩大，小学更是呈现识字教学"早退早衰"现象。识字教学中普遍真正关注的就是小学阶段要求认识的 3000 个左右的常用汉字，其中 1600 个左右要在小学一、二年级全部完成。课程改革推进的十年中，一线教师在识字教学中最大的困惑是前两个学段(尤其是第一个学段)的识字量较大，识字任务艰巨。最多的疑问则集中在：要求"会认"的字究竟应该掌握到什么程度？在此，我们需要对教师的问题做一澄清，并明确梳理识字教学的目标要求。

首先，语文课程标准降低了写字量(尤其是第一学段)，提高了认字总量，也提高了对"质"的要求。识字是阅读与写作的基础。认识 3000 个左右常用汉字是识字的总目标之一，但这只是"量"的要求。作为语文教学有机整体的组成部分，识字教学也应有其"质"的要求，即应该从语文课程总目标的高度使学生在学习汉字过程中，"认识中华文化的丰厚博大，吸收民族文化智慧"，"逐步形成积极的人生态度和正确的价值观，提高文化品位和审美情趣"。相当数量的认字量，并不仅是单纯对识字数量的要求，更有在识字中掌握识字方法和培养识字能力的"质"的要求，即通过认识这些要求"会认"的字，帮助学生逐步感悟汉字构形系统的规律。如在一一学习了"妈""姐""奶""姨""妹""姑""婶""姥"等字之后，学生逐渐体会"女"字旁在这些表示女性亲属称谓的字中所起的作用，并能够依照对这种规律的理解，主动有效地识其他汉字。所以，对待"会认"的字，如果仅仅让学生能够见形读出其音，就停留在对识字"量"的追求上。换句话说，"会认"的字需要掌握的程度与要求，和"会写"的字相比，只有一个区别，即要不要动笔写，其余的都一样。

其次，汉字有规律可循，遵循规律可以事半功倍，违背规律则事倍功半。一篇文章介绍一个教师教"头"字，"大一点，再大一点，就是头头"。于是，孩子们知道房子要大一点的，车子要大一点的，钞票要大一点的，官要大一点的……"大一点，再大一点"才是有尊严的人生，才是有价值的生命。而他们不知道："头"的繁体字写作"頭"，是个形声字，右边是"頁"（读作 xié），表意，表示头，左边是"豆"，表声。后来简化为"頭"，变成指事字。在汉字中以"页"为部首的字多与"头"有关系。所以，记住了"头"字，对其他相关相类的字就能触类旁通。

最后，识字教学目标本应是多维的，不是单项的、孤立的、片面的。小学阶段识字与写字教学的目标可以概括为以下几点：第一，喜欢识字，对学习汉字有浓厚的兴趣，养成主动识字的习惯。第二，累计认识常用汉字 3000 个左右，其中 2500 个左右会写。做到读准字音、认清字形、理解字义。第三，着眼于培养、形成学生的独立识字能力。第四，在识字、写字的过程中体认汉字文化。

教师在教学时，心中装着以上四个目标，而不仅仅将教学窄化为"会认会写"，这将关系到能否在识字教学中帮助学生获得不竭的动力，打下可持续发展的识字基础，提高识字效率。

（二）教师缺少必备的汉字学知识

要进行识字教学，首先应该对汉字的特点和规律有较为清晰的认识。文字学家历来对汉字的渊源、演变以及辨形、释义、正音等多方面都有深入的研究，可是，文字学研究的初衷不是服务于汉字教学，而是探讨汉字本身发展、演变的规律，解决古籍释读中的文字障碍。而且搞文字学研究的人，一般不从事识字教学，这往往造成文字学研究的理论与识字教学的实践脱节。而从事识字教学的一线教师，又缺乏基本的文字学理论知识素养，难以将文字学研究的理论有效地迁移到识字教学上。新课标要求在识字教学中培养学生"对学习汉字有浓厚的兴趣，养成主动识字的习惯"。于是，一些教师为了实现教学的趣味性，把注意力放在教学游戏的设计、识字情境的创设方面，却忽视了对汉字本身的挖掘，使汉字教学显得有些流于形式，外表热闹，缺乏内涵。

(三) 教师对运用字理进行教学的理解存在偏差

常见的现象是误将构意作实义。这里必须首先解释两个概念——构意与实义。构意是汉字形体构造中体现出来的造字意图。实义是字进入语境以后用来表达思想的意义，也就是通常我们说的字义。构意和实义在有一些字里是统一的。比如，"江""河""湖""海"从"水"，它们都是水流或水域。"梅""柳""橘""棠"都从"木"，属于木本植物。而另一种情况是汉字构意与字义并不一致，如"解"从刀，从牛，从角，其构意是"用刀来解剖一头牛"，进而可以得到将结合的事物分解开来的意义。教学中，教师试图遵循汉字因义构形的特点进行教学，凭借汉字构意拆解汉字字形后，紧接着让学生用该字的实义进行组词。如讲完"解"字是"以刀判牛角"后，引导学生组词"解散""解脱""溶解""解题"等，而这些词的意义是不能与刀、牛、角直接联系在一起的。汉字因义构形，学习字形的关键是让形与义建立联系，引导学生因义记形，但这"义"不能等同于字义。构意与字义之间还需要教师搭梯子引导学生理解。

(四) 教师不能灵活恰当地运用字理

有的教师上课时将《说文解字》的解释一字不差地呈现在课件当中，不管学生是不是真的能够接受；有的教师为了讲一个字，从甲骨文、金文到小篆、隶书等逐一呈现在课件中，以至于学生最后也搞不清究竟要学的汉字字形到底是哪一个；有的教师为了讲清字理，将诸如"对""邓""汉""树""凤""鸡""观"等一些无理简化字还原为简化之前的繁体字，再进行字理解析。这样的教法过于繁难，有以讲清字理为目的之嫌，有悖于运用字理进行识字教学的初衷。教师不能灵活恰当地运用字理，使之为识字教学所用，结果反倒使讲清字理成了识字教学的目标。

这里还需要多说一点：现代简化汉字中，有一些简化字的构形理据不清晰，缺少可解释性，这样就使得一些字不再适用于"六书"的规律。这的确给教师的识字教学带来不少麻烦。但是，难为并不意味着放弃，小学语文教师承担文字启蒙的任务，必须要了解汉字文化知识并正确地、适度地传达它。正如有人所说，汉字，几乎是能够完整传承中华传统文化的唯一形态。

第三节　字理识字教学需遵循的基本原则

要改变小学识字教学的现状，必须进一步研究小学识字教学的规律，包括学生的认知规律和汉字本身的规律。依据心理学理论和汉字学理论来进行识字教学，是小学识字教学走上科学化道路的两个重要支点。作为教师，要有扎实的汉字学知识功底，针对一个汉字，应该清楚"什么时候讲"和"讲什么"；由于我们教学的对象是知识经验极为有限、思维方式相对简单的小学生，所以教学时必须考虑学生的接受情况，不仅要把汉字讲"对"，还要把汉字讲"好"。这个"好"就是要使所讲的知识与学生既有的知识经验接轨，要能将复杂的知识简单化和形象化，要能帮助学生理解，也就是清楚地知道"怎么讲"。"什么时候讲""讲什么""怎么讲"是运用字理进行识字教学时教师普遍关心的问题，"什么时候讲"和"讲什么"属于我们下面要谈的字理识字应遵循的原则问题，"怎么讲"的问题则属于字理识字的基本策略问题。我们首先来看原则。

一、准确原则

（一）准确讲解汉字构字的部件

汉字是由部件组合而成的，部件是汉字的构形单位（也称构件）。汉字的部件在进入构字后，就具有了或表示字音，或表示意义，或是古文字时期象形字的楷化，或起区别标示的作用。解释汉字必须依据它们的客观功能。讲错了或曲解了部件的功能，就会使整个字的讲解发生错误[①]。所以，运用字理帮助学生识字，最重要的就是讲对、讲好汉字部件。

部件按照不同的标准可以分成不同的类型。

（1）单笔部件和复笔部件。按部件的笔画数的多少来分类，部件可以分为单笔部件和

---

① 教育部基础教育课程教材专家工作委员会组织. 义务教育语文课程标准（2011 年版）解读［M］. 北京：高等教育出版社，2012：75.

复笔部件。单笔部件是指该部件只由一个笔画构成，例如"一""乙"；复笔部件是指由两个和两个以上的笔画构成的部件，例如"士""重"。

（2）成字部件和非成字部件。按部件能否独立成字，部件可以分为成字部件和非成字部件。成字部件是指该部件能够不和其他部件组合而独立成字，例如"吉"中的"口"和"河"中的"可"；不成字部件是指在一定范围内不能够独立成字的部件，例如"灾"中的"宀"和"病"中的"疒"。

（3）基础部件和合成部件。按照部件的构字层次，部件可以分为基础部件和合成部件。基础部件是指不能拆分的最小部件，例如"男"中的"田"和"力"都是不能拆分的基础部件；合成部件是指由两个或多个更小部件构成的部件。合成部件是可以进一步拆分的，例如"想"可以拆分为"相"和"心"，这是对汉字的第一次拆分，"相"还可以拆分为"木"和"目"，因此，"相"并不是基础部件。

在小学识字教学中，讲清成字部件非常重要，这关系到学生能否从学习独体字开始就打下可持续发展的识字基础。

如"人""从""众"这三个字："人"是象形字（𠆢），表示一个人；"从"字是一个人后面跟着一个人，本义是随从，这是两个人；"众"是指多人。从一个人到很多人，对这三个字的理解过程都是建立在对成字部件"人"的准确把握上。将来再学"比"（𠤎）、"北"（𪗱）等字的时候也会举一反三。

又如，一位教师上课讲"然"字：

课上，学生特别喜欢听我讲汉字中蕴藏的含义，我也时常在生字教学中把字理讲给他们听。如"然"字的教学，我首先书写"然"字的篆书𤒅，学生一脸茫然。我让他们猜每个部分像什么，学生跃跃欲试，最后得出结论：一块狗肉在火上烤。这就是"然"的本义。后来为了进行区分，造了形声字"燃"以替代"然"的本义。学生恍然大悟。

"然"，金文𤒅，小篆𤒅，会意兼形声字。金文从火，从肰（狗肉），用燃火烤狗肉会燃烧的意思。篆文整齐化。隶变后楷书写作"然"，是"燃"的本字。学生理解"然"字实际上是建立在对"灬""犬"和"夕"三个部件的理解基础上的。

小学低年级的语文识字教材中，有大量的独体象形字，基本都属于成字部件，如：人、口、手、目、木、水、火、石、田、土、刀、弓、牛、马、车、山、舟、日、月、云、雨、禾、羊。这些字有很强的组构功能，学好它们是学生下一步学好合体字的基础，所以讲清楚每一个字的构意是非常重要的。

此外，小学识字教学中对于一些组构功能很强的非成字部件也要格外重视。例如，学了"火"字并懂得"火"作偏旁时变写为四点底"灬"（"燕"字的四点底是燕尾的变写），那么，当学到"热""煮""照""煎""熬""熟""烈""焦""蒸"等字时就能自觉地用"火"去析解它们的形义。教好这批部件，可以帮助学生在识字中达到"学一个，带一串"的功效，反之则是"教一个，乱一片"。

（二）按照正确的层级结构析解汉字

王宁先生曾提出：由部件构成汉字，大部分是依层次逐级组构的，字理是逐级生成的，小部分是一次性平面组构的，以集合的方式产生字理。在讲解汉字时，必须按它们客观的组合方式来进行，也就是说，既不能把层次结构讲成平面结构，也不能把平面结构讲成层次结构，否则就会发生错误，而人们常犯的错误是不懂汉字结构层次生成的道理，见一个构件讲一个构件。例如，有人把"温"字误讲成"太阳照在器皿里，使水变温"。"温"是按层次结构起来的，首先由"日"和"皿"构成"昷"，得到了声符，再加"氵"构成，不是由"日""皿""氵"平面构成的；"日"是"囚"的变体，也不能讲成太阳。

这类问题在小学识字教学中非常普遍，如"章""班""巢""盗""腐""兵"字。

"章"是"音十章"，还是"立早章"，不是随便记的。《说文解字·音部》："章，乐竟为一章。从音，从十。十，数之终也。"本义是乐章，引申为篇章。

"班"，常有人误分解为两个"王"和一个"刀"。实际上"班"是会意字，金文 ，从珏（二玉），中从刀，会分瑞玉之意。瑞玉为古代信物，中分为二，各执一半。小篆（）整齐化。隶变后楷书写作"班"，中间刀形稍变。"班"，后引申为返回，"班师回朝""班兵"就与"班"字的构字有关。古代，君主派主帅领兵征战，常将玉符一分为二，君主与主帅各持一半，日后朝廷对在外作战的兵马调遣要凭那一半玉符，两半合二为一则证明的确是朝廷的命令。

"巢"，常有人将其分解为上面的"巛"和下面的"果"两部分。实则"巢"原是象形字，甲骨文写作 ，是鸟窝的象形。金文写作 ，在鸟窝下增加"木"，变成会意字，鸟巢的表意更明确。篆文写作 ，在鸟巢上增加了三只嗷嗷待哺的小鸟，使这个字的表意更富有情趣。隶变后楷书写作"巢"。

"盗"，不是教师们教学时常引导学生记的"氵""欠""皿"，而是会意字。篆文（🔲），从次（🔲）（人张口流涎水），从皿，用垂涎人家的器物会偷窃之意。隶变后楷书写作"盗"，俗省作"盗"，如今规范化用"盗"。

"腐"也不是"广""付""肉"，而是形声字，从肉，府声。隶变后楷书写作"腐"。《说文解字·肉部》："腐，烂也。从肉，府声。"

"兵"字，常有教师引导学生分解为"丘""八"。这样记字，学生很快就能记住，但只是将汉字作为抽象符号机械记忆，"兵"的意义与字形成了不相干的两个东西。实际上"兵"是个会意字。甲骨文写作🔲，从斤（斧），从廾（两只手），会两手举斧之意，表示拿的是武器。金文（🔲）稍讹，篆文（🔲）整齐化。隶书"兵"将篆文的"双手"🔲连写成🔲。这个部件在"共"中也同样表示双手。

足见，若想科学地析解汉字，首先要保证汉字的拆解循着汉字构字的规律，按照正确的层级关系进行，之后还要正确解析每一个部件的含义。如此，方能探求到汉字形义联系的本质。

二、适度原则

（一）莫将讲解字理当作识字教学的目的

多年来，教师对待字理的态度是暧昧的，从开始的避之唯恐不及，到敬而远之，再到后来的趋之若鹜，我们从中可以窥见字理在识字教学中的混乱程度。多年前，绝大部分教师缺少必备的汉字学知识，主观地认为字理是不能下放到小学课堂当中的，对某些运用字理进行识字教学的尝试也干脆是一竿子打死的态度，字理一度在小学识字教学中被妖魔化了。由于课程改革的推进，一些特级教师或骨干教师开始尝试运用字理帮助学生识字，或是在阅读教学中借助字理帮助学生理解字词。一些好的做法慢慢推广开来。更多的一线教师看到了字理也可以在小学教学中使用，但受限于自身的知识结构，备课时有很强的畏难情绪，仍旧对字理敬而远之。随着各个层次教师培训工作的展开，以及新入职教师知识结构的日趋合理，运用字理的识字教学探索越来越多，其效果也初步显现。在教育相对发达的大城市，越来越多的教师有了运用字理进行识字教学的自觉。甚至在各类教学观摩和比赛中，字理成了加分因素，这就更加速了字理和识字教学的密切联系。但新的问题随之出现：为讲字理而讲字理，讲清字理和学生识字同时成为教学的目的。无形之中，这给学生的识字学习带来了沉重的负担。

如有的教师在讲"厅"时，力求将字理讲清："厅"原本写作"听"，指"听事"之处，即官员办公事的堂屋，后省说为"听"。以后楷书写作"廳"，成为形声兼会意字，从广（房屋），听声，兼表听事的意思。规范简化为"厅"。这样分析，不顾及学生的生活经验，反而将简单的字义理解复杂化。而学生结合自己的生活经验和以往所积累的汉字学知识，很快就能理解："厅"，从厂（房屋），丁声。本义是官府办公处。引申为现代党政机关的办事机构，如"办公厅""教育厅"。又引申指聚会或接待客人的房间、店堂，如"客厅""饭厅"。

在此，我们必须强调这样一种认识：讲解字理的重要目的，是使学习者对汉字的表意性质有所体会，而认识汉字的表意性，是把握汉字科学的最重要的前提。只有理解表意汉字的特点，才能对汉字有清晰的感觉和正确的理念。小学识字教学是语文教育的开端，从一开始就培养学生对汉字正确的感觉和认识，使他们对汉字的构造充满探索的兴趣，喜欢识字和写字，是识字教学的目标之一，这个教学目标是在字理教学中潜在完成的①。但是，在小学识字教学过程中不能过多地讲解文字学知识，也不能以讲解清楚汉字字理为目的，对于汉字形体演变的过程也不要求学生能复述，古体汉字更不要学生去记忆和书写，只是让学生经历一种由图画到现代楷书汉字的思维过程而已，重点还是放在现代楷书汉字的学习上。

（二）运用字理讲解汉字字形最终要与实义相联系

前面说过，汉字的构形意义（构意）是反映字义（实义）的，讲解汉字字形的根本目的是解释字义。目前小学的识字教学通常是随课文进行的分散识字，也就是说识字是与阅读教学同步进行的。讲字形是在专门的识字环节单独进行的，而字义的学习确实是在阅读课文的过程中进行的。讲汉字与阅读文本如果能够结合起来，就会有事半功倍的效果。

在小学语文课文《欲速则不达》中有这样一句话："驺子驾车跑了大约几百步，景公心急如焚，嫌驺子驾得太慢了，就夺过缰绳，亲自赶起车来。"其中的"焚"是生字，"心急如焚"是生词。有教师引导学生学习"焚"字时，演示动态课件：一片森林（林），突然林中着

---

① 教育部基础教育课程教材专家工作委员会组织. 义务教育语文课程标准（2011 年版）解读［M］. 北京：高等教育出版社，2012：74.

了火，以火烧林，火势越来越猛（焚）。教师引导："林中着了火，这火越烧越大。人的心里着急，急得就像用火烧林一样，这就叫心急如焚，形容心急的程度。"[①]这里"焚"字的造字理据与字义完全一致，可以凭着字的形体理解和记忆字义。教字的同时教了词，汉字学习与阅读中的词汇积累同步完成，一举两得。

但也有另外一种情况，有一些构意与字义并不一致，特别是现代汉语的字义只有一种折射作用，如果不从分析字理入手，是难以通过字来理解字义的。例如，"理"字从"玉"，但解释这个字的字义并不能够很快与玉联系上。通过它的构意分析，才能明白它取象于玉的原因——因为将玉雕刻成玉饰或玉器要顺着玉的纹理从事，治理、整理、理顺等意义都是一种条理化的行为，治玉是这些意义所选择的相似的典型形象[②]。汉字的教学经由字理最终进入现代汉语的字义，才是字理识字应把握的"度"。

三、适量原则

这一原则是讲字理识字适用的汉字数量是有限的，它不适用于隶变、楷变和简化后看不出理据的汉字。

汉字构形是发展的，汉字经过隶变、楷变和现代简化的过程，出现了一批黏合、省变、变形、错讹而部分或全部丧失了理据的字，这些字必须上溯它的古文形体，才能讲得清楚。因此，所谓的汉字因义构形或学汉字时的析形索义，这里的"形"必须是笔意，而不能是笔势。笔意指的是能够体现原始造字意图的字形。笔势指的是经过流变，逐渐符号化，已经看不出原始的造字意图的字形。从古至今，汉字形体演变经历了甲骨文、金文、大篆、小篆、隶书、楷书这几个主要阶段。在小篆以前的古文字的形体结构中，可以分析出造字的原始意图，这些古文字基本是笔意。隶变是古文字与今文字的分水岭。隶书的结构改变了小篆圆转的线条，把组成小篆的几百个象形符号变成了点、横、竖、撇等十来个基本笔画，从而丧失了古文字所具有的以形体结构体现字义的特点。例如"春"，篆文从"艹"，从"日"，"屯"声，在隶变中，它的上部逐渐黏合简化，无法讲解了。要想讲它，必须溯源。有人把"春"讲成"三人去看日"，这就是强以无理为有理。还有简化字"鸡"，它左边的"又"是符号替代而简化的，只能看作区别符号，将其讲成"又一种鸟"也是没有

---

① 北京市中关村第一小学王化英副校长执教《欲速则不达》。

② 教育部基础教育课程教材专家工作委员会组织. 义务教育语文课程标准（2011 年版）解读［M］. 北京：高等教育出版社，2012：75.

道理的。"又"在"鸡"中代替的是示音构件"奚"，而不是副词"又"。所以，我们在教学中运用字理帮助学生理解汉字的形义关系，就必须将现代简体楷书还原为笔意。然而学习古文字绝不是小学识字教学的目的，笔意的呈现只是帮助学生理解汉字的形义关系，让他们更好地理解和记忆字形，这里的字形则必须是简体楷书。所以，笔意与笔势的基本一致是选择什么字适合讲解字理的重要标准，运用字理进行识字教学并不适用于每一个汉字。因此，在日常教学的备课中，首先应该进行选择和取舍，要选择满足笔意与笔势一致这个条件的汉字进行字理的讲解。对于不满足这一条件的汉字，教师慎用或不用字理，从而避免将识字课上得繁难，偏离运用字理进行识字的初衷。

四、适时原则

此原则一定要建立在准确、适度和适量原则的基础上，指遵循小学生的认知规律和生活经验，在他们能接受的范围内合理安排运用字理进行识字教学的时机。有些内容的讲解要在学生识字达到一定的量时才适合进行。

(一) 学段不同，各有侧重

低年级学生初学的汉字，主要是独体象形字和简单的合体字。考虑到低年级学生以形象思维为主的特点，故借助字理教学汉字时应侧重结合其生活经验，让他们直观形象地感受和记忆汉字。这个阶段的识字侧重帮助学生掌握好构字能力强的独体象形字和基本的偏旁部首，为其日后进一步学习合体字打下坚实基础，同时在识字过程中引导其观察生活，将识字与认识事物相结合。如学习"竹"或"⺮"和"艹"时，引导学生认识现实生活中竹叶低垂的形态、小草向上生长的样子和汉字形体的密切联系，由事物、图片到古体汉字，再到现代楷书，始终未变的是客观物象投射在汉字中的影子，这样的汉字学习与其对生活的观察和理解是一致的。

中高年级学生有了一定的识字量，学了常用的偏旁部首，掌握了汉字的基本间架结构，积累了一部分汉字构形系统规律的知识。中高年级学生的思维发展正处于从形象思维到抽象思维的过渡。有了这样的基础，这个时候借助字理，可以实现"学一个，带一串"。如：低年级时学过"火"，做偏旁时变写为"灬"，再遇到"灬"的字时就自觉地与"火"进行联系；学习了"首"字表示人头，做形旁时变写为"页"，再见到"页"字旁的字，也能知道与"头"有关。新的知识在被纳入旧知识之中时，知识的系统就逐步建立起来了。同样，随着对一些汉字部件基本意义的了解，儿童在中高年级的识字学习中也就能自觉地对汉字进行形义联系。比如，对“冖”(帽子)、“元”(人头)、“寸”(手)三个部件的了解，是学生运用字理学习“冠”字的基础，此时的教学既不能超前，也不能错后，必定要与学生的知识基础和思维水平保持同步。

(二)分步推进

教材的编排体系是螺旋式上升的，教学目标的要求也是分学段落实的。在运用字理分析教学汉字时，不能一口气吃成个大胖子，每教一个汉字都要把相关的一切全部塞给学生，而是要根据学生的特点分阶段进行。如“行”，甲骨文，金文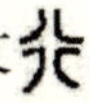。甲骨文、金文是象形字，模拟十字路口形，音 háng，引申泛指道路。由条条道路引申为行列，再引申为行辈、排行。以后又引申为行业、行业机构，如“行行出状元”“银行”。又音 xíng：由“道路”供人行走，又引申为走，并成为常用义。再引申为做、进行，如“身体力行”“举行”。由“行走”引申作名词：表明品质的举止行动，如“行为”“品行”。而用作副词：将要，如“行将灭亡”。这些含义不必一口气教给学生，可以随着学生年龄的增长，在阅读教学中或课外阅读时巧妙渗透，使学生对“行”的意思的理解螺旋式上升，从而达到全面、透彻的目的。如果在学生一接触“行”字时就一股脑儿全盘灌输，不但有悖于学生的心理发展特点，也与教学目标相背离。

第四节　字理识字教学的基本策略

运用字理进行识字教学既需要理念上的转变，更需要教学策略的支持。这里我们就谈谈字理识字的基本策略问题。其基本指导思想就是在识字教学中，通过借助字理分析，加强学生对汉字文化的理解，同时指导学生运用所学的汉字知识和规律去观察、分析、推理、发现，进而认识新的生字，掌握新的知识，发展自主识字的能力。

目前正在使用中的各种版本的小学语文教材，在识字部分的设计中无不体现出字理识字的特点，都较好地体现了遵循汉字理据进行识字教学的特点。

一、"溯源—对照"，教好独体字

汉字的构成一般来说是先有象形，后派生出指事、会意、形声。而独体的象形字、指事字具有较强的组构功能。教好象形字对稍后学习指事字，特别是合体的会意字和形声字是十分重要的，将有效地提高识字教学的效率，较好地发展学生的自主识字能力。

（一）图文对照，由形见义，学好象形字

许慎在《说文解字》中指出："象形者，画成其物，随体诘诎。"象形字是用模拟事物形象的方法造出的字，其形与义浑然一体。目前在使用的多个版本的小学语文教材都将象形字设置在低年级，都为象形字分别配以实物彩图、概括的抽象图、甲骨文或小篆，最后引出现代楷书。这样的编排考虑到低年级学生的认知具有形象性、直观性的特点，以图文对照的方式识字有利于学生把汉字和所记录的具体事物紧密联系起来，同时让学生形象地感知汉字的象形特点。

象形字的教学，一般来说，初始的象形字可按如下步骤施教（以"木"为例）：出示"木"的图片、古文字"木"、楷书"木"（也可以反向为之）。让学生画一画，找一找象形字与图画之间的联系，哪一笔像树干，哪一笔像枝杈，哪一笔像树根。要充分利用象形字保留实物形态表示意思的特点，进行"溯源对照"。"溯源"，就是指简明扼要地阐述这些汉字产生、演变的大体过程，一般可通过实物图片展示、动作演示、故事介绍、根据基本笔画分析和点拨等方法进行。"对照"，就是指在展示汉字演变过程后，将楷书各部位与小篆、客观物体各重点部位进行对应比照，以形象地感知图画—小篆—楷书之间的联系，从而理解和识记所学楷书汉字的形与义。可以按照"实物彩图—概括抽象图—古体字—楷书汉字"的顺序引导学生观看、理解和识记。如教"川"字，先看水流形状的实物彩图，再看简笔画的概括抽象图。此时的图形已比较接近文字，但它还是属于图画的性质，依据它的主要笔画线条与小篆对照，建立图与字之间的联系。在此基础上学习楷书的"川"字，出现在学生面前的就不是抽象的符号，而是一条奔腾不息的大"川"了。

例如，一位教师在教古诗中的"舟"字时是这样做的①：

师：这是什么？

（教师出示独木舟图片。）

---

① 引自北京东城区教育研修学院吴琳老师的课堂教学实录。

生：小船。

师：什么样的船？

生：弯弯的、小小的船。

师：我们把这样由一根木头做成的，弯弯的、小小的船叫作独木船，也叫独木舟。

（教师出示：夕 夕 月。）

师：看，古人就是用这样简单的图画来表示"舟"的。快看，这个"舟"后来发生了怎样的变化？

（教师用课件演示月的每一个笔画变成楷书笔画的过程，最后呈现楷书的"舟"字。）

师：从这个"舟"字，你还能找到我们刚才读的月字的影子吗？

生：能。那个船头弯弯的部分就是上面的撇，左边的撇和右边的横折钩是船身，点、横、点是船里面的隔板。

师：在你觉得有趣的时候，是不是已经把这个字的笔顺记住了？

生齐：记住了。

师：那它是按照什么顺序写的？

生齐：从上到下，从左到右。

师：我们来读一读这个字。

生齐读：舟。

在上述教学片段中，教师运用课件帮助学生了解了"舟"由物到字的变化过程，并对照比较了现代楷书"舟"字与实物小舟及古体字的同与不同。在这一过程中，学生自然地记忆了"舟"字的形与义，同时在这样由形象到抽象的过程中体会到汉字是一个独特的表意体系，汉字是由图画向符号衍生的。在这样猜测、溯源、对照、比较的过程中，学生学习汉字的兴趣得到了激发。

教学的方法是灵活多变的，有时候又可以倒序为之，形成如下的顺序：楷书汉字—古体字—概括抽象图—实物彩图。

需要注意的是，教师在教学过程中不要过多地讲解文字学知识，对于汉字发展演变的全过程也不必要求学生复述，古体汉字更不需要学生去记忆和书写，只需要让学生经历一种由图画到楷书汉字的思维过程，重点还是放在楷书汉字的学习上。

象形字是独体字，有很强的构字能力，虽然很好辨认，但由于现行汉字多数由象形字构成偏旁，且大多是象形字的变形，因此，教师不要单纯地把象形字当作具体的某个字来教学，应该把象形字当作一个偏旁来教学。这样，学生在中高学段的识字学习中可以领悟得较快一些。

(二)明确符号，察而见意，学好指事字

因为复杂的事物难以象形，而抽象的概念又根本无"形"可"象"，为了弥补象形字造字功能的不足，在象形字的基础上产生了指事字。对于指事字，许慎在《说文解字》中指出："指事者，视而可识，察而见意。"在《说文解字》中，指事字的数目最少，从构造类型来看，指事字主要有两种。

第一种是用象征性符号构成字形，以表示抽象意义。对于这种指事字，其教学方法是从分析笔画的含义和笔画与笔画之间的组合关系这两方面来帮助学生掌握字的形义关系。如"二""三"等字的教学，应让学生知道每一条横线象征数目一，几条横线组合起来即为该字所表示的数目(字义)。

第二种是在象形字的基础上加指示性符号，表明所指的事物或意思。这类字在指事字中占多数，在教学中应重点讲清指示性符号所表示的含义。比如"本"字，在"木"(树)的下部加"一"作指示符号，指示树根的部位，字义是树根。同时，可以将形近字"末"与之做比较，"木"上加"一"则是"末"，表示末梢。于是，树、树根及树梢的图像与符号联系起来，"本""末"两字便牢牢地刻在学生的脑海中，并由此引申，理解了"本末倒置"这一成语。

二、"分解—组合"，教好合体字

清代著名文字学家王筠在《教童子法》中说："人之不识字也，病在不能分。苟能将一字分为数字，则易记难忘矣。"王氏之说，可谓中国传统识字教学方法最精辟的概括。我们知道，汉字"六书"中的象形、指事、会意、形声是四种造字方法，象形、指事造出了基本字，这些基本字一般是独体字。而运用会意法和形声法造出了合体字，合体字又都是由基本字组成的，基本字大多充任合体字的偏旁。所以，教学会意或形声这些合体字时，通过先分解其组合的部件(基本字)，了解其各自的基本含义和功能作用，而后再"合二而一"或者"合三而一"地弄清其组合后的整体含义或意义功能，这样就能透彻地了解其字义，根据字的意义来识记其字形，概言之，也就是"析形索义，因义记形"。

（一）"分解—组合"，教好会意字

会意字是用两个或两个以上的字作表意的形旁组成一个字，把它们的意义组合成一个新的意义。会意字的教学，一般按照"从整体到部分再到整体"的步骤进行，即先让学生整体感知字的形、义、音；再把字分解成若干个构件，引导学生了解每个构件的意思；然后再将几个构件组合起来，让学生理解每个构件与字的形义的联系，掌握会意字的形、义、音。请看"盲"字的教学：

师：小朋友，你们看，这个"盲"字是由哪两部分组成的呢？

生：是"亡"和"目"。

师：知道"亡"和"目"的意思吗？

生：这还不简单，"亡"是死亡，"目"是眼睛。

师：那这个"盲"的意思就是眼睛死亡的意思吗？

生：不对，这样说不通，哪有眼睛死亡的说法？

师：那应该怎么说才合理呢？

生：我知道，就是眼睛看不见东西了。

生：对。这位盲婆婆就是我们平常所说的眼睛瞎了，什么都看不见的婆婆。

师：这样理解就对了。

教学中教师将"盲"分成"亡"和"目"两个部件进行解析。"亡"在这里表"没有、缺少、无"，"目"即"眼睛"。"亡"也兼表读音，所以"盲"是个会意兼形声字。

（二）"分解—组合"，教好形声字

形声字是由表示义类的形符和表示读音的声符两部分复合而成的。在现代通用汉字中，形声字占到约80%，是现代常用字的主体。由于汉字形体的演变及古今音的不同，有相当一部分形声字变得既不表形也不表音。据周有光先生的研究，现代汉字声旁的有效表音率是30%。小学教材中让学生按形声字构字规律归类识记的形声字，其自身所具有的音义理据明确而明显，故而在教学中可以充分利用形声字声符和形符的特点，降低识记难度。

教学中抓住形声字形旁表示字的意义类属的特点，可以通过加减偏旁和换偏旁的形式，以了解字义、记忆字形。如苏教版一年级语文教材中的转盘识字，标示读音的"苗"分别加上"犭""扌""钅""口""目"，所构成的五个新字读音相类，意义却不同，且皆与形旁所属义类有关。如下教学片段：

　　师：四胞胎(板书：苞、饱、炮、泡)已经闪亮登场，它们长得像吗？哪儿像？

　　生：它们有一个共同的部分——"包"。

　　师：原来它们有一个共同的妈妈——"包"。

　　师：我们生活中最常用的是书包，你还见过其他包吗？

　　生：提包，背包，钱包……

　　师：四胞胎长得太像了，胡老师都分不清它们了，你有什么好办法吗？

　　生："水泡"与水有关，所以"泡"是三点水旁。"花苞"与植物有关，所以是草字头。

　　生："饱"是饭吃饱了，所以是食字旁。"炮"与火药有关，所以是火字旁。

　　师：听你们这么一说，胡老师明白了分清这些字只需看它们的偏旁，因为偏旁表示了一定的意思。你们的办法真好。

　　教学中执教者利用形声字形旁表义、声旁表音的特点，引导学生发现形声字的构字规律，培养学生触类旁通的自主识字能力。

　　然而，大多数形声字的声旁也并非纯粹的表音符号，它本身也有意义，只不过这种意义较为隐晦，即前人所说的"亦声亦义"的现象。如"诬"，会意兼形声字。篆文从言从巫(蒙骗)会意，巫也兼表声。

　　以"贫""富"二字为例，都是会意兼形声字。有教师教学时先出示小篆，引导学生用分解组合的方法猜一猜这个字的意思。学生猜出下面的"贝"表示贝壳。教师告诉他们，古时候人们拿贝壳当钱买东西，故而表示"财物"。接着结合上面的"分"，让学生猜猜这个字的意思。在学生猜的基础上，教师小结：把钱分走了，钱越来越少就是"贫"。在这里，"分"不仅仅是表示读音的声符，其与"贝"组合的意义也帮助学生进一步理解了字义、记忆了字形。对于"富"(富)，引导学生发现凡是以宝盖头为部首的字都与房子有关，下面这一部分表示装酒的坛子。在古时候粮食吃不完、有结余的时候才能用来酿成酒，所以家里有酒表示富有。这里，"畐"也不仅仅作为提示读音的声符让学生来记忆。

三、利用部件析形索义

　　汉字"因义构形"，识字时则依据这一特点析形索义、因形求义，这是借助字理进行识字的基本思路。而因形求义最基本的途径就是充分利用汉字部件这一重要的汉字构形单位。

（一）剖析字理，讲清基本部件

引导学生掌握汉字常用基本部件的意义，是培养学生独立识字能力的重要渠道。汉字部件是由笔画组成的具有组配汉字功能的构字单位。无论是能够不和其他部件组合而独立成字的成字部件，例如"吉"中的"口"和"河"中的"可"，还是在一定范围内不能够独立成字的非成字部件，例如"灾"中的"宀"和"病"中的"疒"等，都是组构汉字的重要单位。掌握了这些部件，可以帮助学生更好、更快地解析汉字。如果知道"页"字表示人头，那么，当学习"顾""颈""项""颜""顶""须""烦"等字时就能与"人头"联系起来理解。如果了解"手"可变写为"扌""龵""又""ナ""廾"以及与手有关的偏旁为"攵""爪""攴"等，那么，学习"挥""举""取""看""有""戒""牧""采""秉""敲"等字时，就能自觉地用"手"或与手有关的动作去析解它们的形义。"玉"做偏旁省点为"王"，下横为避让而变写为提，俗称"斜玉旁"，所以从斜玉旁的字通常与宝石、玉器有关。

除此之外，像"夂"，折文旁，是"止"的倒写，与人脚及行走有关，如"各""夏"。"月"，斜肉旁，是"肉"字的变写，与肉体有关，如"然""祭"。"缶"字旁，上为午（杵），下为臼，会用杵制作陶瓦器之意。"酉"字旁，酒器，做部首表示酒类、酿造，如"酒""酝酿"。

概而言之，掌握了这样的字理基础知识，特别是常见汉字部件的含义，就可以帮学生形成识字的能力。例如"烹饪"这个词，即使学生不会读，但是，只要他懂得四点底"灬"表示火，"饣"是"食"字的简写，与食物有关，那么，就能轻易地推出"烹饪"是烧煮食物的意思。掌握了这样的知识，就等于学生获得了解析汉字的工具。如"酒"字，学生很容易将其分解为"氵"和"酉"，"酉"（古酒字，酒坛的象形）里的一横表示酒坛里有酒，酒坛里有酒才能倒出酒，故"氵"和"酉"组合表示酒。如此一来，"酒"这个会意兼形声字就不再是一个抽象的符号，而是清晰地呈现在学生的脑海中了。

如下面这个教师引导学生学"看"的教例：

（出示孙悟空脚踩云朵、手搭凉棚远看的图片，再对比楷书的"看"字。）

师（分解）：谁说说"看"字是由哪两个字组成的？

生："看"字是由"手"和"目"组成的。

师（组合）：为什么上面用一只斜手（龵），下面用"目"表示"看"呢？

生：因为光线很刺眼，把手斜放在眼睛上面，就可以看得清楚。

生：把手遮在眼睛上，就好像一把小阳伞，能够挡住强烈的光线。

师：说得非常好，挡住强烈的光线就能睁大眼睛看得很远。"看"字最初的意思是往远处看。现在它的用途越来越宽泛了，既可以用于远看，也可以用于近看。我们一起来做"看"的动作，体会这个"看"字。

（学生高兴地模仿孙悟空做手搭凉棚状，体会看的动作。然后教师后进行写字指导，特别强调上面"手"字变写成"产"的原因。）

从上面的教例可以看出，像"看"这样的会意字本身就是由两个部件会合表意而成的，凭借"分解—组合"的方式引导学生析解，要以对"产"和"目"两个部件的掌握为基础。有了这样的基础，再合二为一，就能比较形象地理解其会意的特点了。

通过下表，我们可以大致了解"分解组合"方法的一般流程。

表 3-1 "分解—组合"方法的一般流程

例字	分解	组合
名	会意字，分解为"夕"和"口"二字。	晚上（夕）漆黑，见有来者不知是谁，须张口问其名，故"夕"和"口"会意为名。
初	会意字，分解为"衣"和"刀"二字。	"刀"和"衣"组合成"初"，表用剪刀裁布为制衣之始，因此有首先、起始的意思。
罚	会意字，可分解为"罒"（网）、"言"和"刀"三个部件。	触犯法网，情节轻者受言斥责，情节重的将被用刀（刂）处以极刑。故"罒""言"和"刀"组合成"罚"。
酒	会意兼形声字，可分解为"氵"和"酉"（古文字中像酒坛形）。	"酉"（古酒字，酒坛的象形）字里的一横表示酒坛里有酒，酒坛里有酒才能倒出酒，故"氵"和"酉"组合表示酒。
裹	形声字，可分解为衣形果声。	用衣、布之类把东西包裹起来，故"衣"作形旁，且把"衣"字拆开，更显其包裹之状，故由衣形果声组合而成。
赡	形声字，可分解为贝形詹声。	"贝"为古代的货币，要"赡养"离不开钱，故用"贝"表义，"詹"是声旁。
扇	会意字，从户，从羽。	"户"表单门，"羽"即鸟的翅膀，合起来表示像翅膀一样能动的竹或苇编的门扇的意思。

（二）多种方式析形索义

1. 演示法

演示法指通过动作或实物演示的方法让学生直观地掌握汉字的形、音、义的关系。

以"拿"和"掰"的教学为例，可以用动作演示，直观呈现，从而让学生体会汉字的形义关系。如教师在教"拿"字时先让学生观察：桌上有一个橘子，如果想把它拿起来，手应该怎样做？学生通过观察争相发言：手要合起来才能拿东西。再拿出事先为学生准备好的橘子，俩人一个橘子，掰开后分着吃，又利用分吃橘子的体验理解"掰"的构字特点。又如教师教生字"夯"：

师：谁看到过夯？打夯是怎样打的？要不要用劲？

（学生们回答后，她还叫几个学生到讲台前演示打夯的动作。）

师：要用很大的气力把夯提起来，打下去，所以"夯"字是"大"字下面一个"力"。

有些会意字可以通过实物演示的方法来会其意、记其形。如"灭"，用一个覆盖物盖在烛火上，让火熄灭，其形义不言自明。又如"笔"，可以展示一支毛笔，上边笔杆是用竹子做的，下边笔头是毛做的，所以竹字头加个"毛"字是"笔"字。"尖"，看圆锥体，下边大，上边小，形成尖端，所以上小下大为"尖"。以教师教的"蜡"字为例：

师：老师也找到了一个带虫字旁的字，你们认识吗？

（出示"蜡"字。）

师：真奇怪，这个字为什么有虫字旁呢？"蜡烛"的"蜡"与小昆虫、小动物有联系吗？

（实物展示蜂巢。）

师：瞧，这是小蜜蜂的家，我们叫它蜂巢。白白的这一层是蜜蜂酿蜜时分泌出来的物质，叫蜂蜡。大家可以上来摸一摸。

（学生上前用手触摸，据此展开讨论，从而认识到"蜡"原是蜜蜂的分泌物，这也和昆虫、动物有关，所以"蜡"有虫字旁。）

像这样借助动作、实物等，调动学生多种感官识记汉字，可以提高识字效率。

2. 图解法

图解法指借助简笔画、小篆或小篆之前没有脱离图形的象形符号，将字与事物的形象联系起来，从而再现字的形义关系。如"从"字的教学：

师：看老师画的是什么？

生：人。

师：这个人去干什么呢？

生：种树。

师：这个人去种树，种树干什么呢？

生：树可以绿化校园。

生：树可以吸收二氧化碳，释放出氧气。

生：树可以防止沙尘暴。

师：对呀，种树的好处这么多，可是一个人的力量是有限的。这个人种了一棵、两棵……就累得气喘吁吁。他想，对呀，去叫我的好朋友一起来。你们看，他的好朋友来了。

（教师用简笔画画了两个人。）

这是什么字？

生：从。

师：一个人干什么，另外一个人也跟着干什么，这就是跟从。

（生开火车读。）

一个人发出了命令，另一个人只得听他的，这就叫听从、服从。那"从"还可以组什么词呢？

生：从前、自从、从众、从事、从此。

在上述片段中，教师通过简笔画勾勒和诙谐幽默的叙述，帮助学生轻松地了解会意字的字形、字意。

3. 描述法

描述法就是运用精练的语言去阐明汉字构形的原理。如教学"牧"字，只要解析"攵"是手拿鞭、棍的意思，与"牛"合起来指手拿鞭子牧牛，学生就可以形象地记住"牧"字的形义。放牛是"牧"，放马、放羊同样是"牧"，所以"牧"字最初意思就是"赶着牲口去吃草，放养牲畜"。故而，放牧的人叫牧民，放牧的小孩叫牧童。又如，一位教师在引导学生学习"相得益彰"一词时涉及的"益"的教学：

师：快说说，你准备怎么记忆"益"这个生字呢？

生："益"的上面是"高兴"的"兴"去掉一个点，下面是"皿"字底。

师：说得很清楚，但老师告诉你，上面的字跟"高兴"的"兴"可没有关系。上面是什么呢？上面是水（出示甲骨文 ），不过，是横过来的 ，你看（师板书： ），古时候"益"就是这样写的： ，下面是一个装东西的器皿，后来变成皿字底。你们看，器皿里面装着什么东西？

生：水。

师：对，水多得都溢了出来，这就是"益"，引申为"更加"。"益"字在这里是什么意思？

生：是"更加"的意思。

师：对。再来读一读这个词吧。

生：相得益彰。

教师通过运用图解法加之语言的描述，将"益"的两个部件及整个汉字的形义关系解析得十分清晰。以如"副"字教学为例：

师："一副球拍"的"副"为什么用立刀旁的"副"？

（对此字的形义，学生较难理解。教师从"券"字为什么是"刀字底"说起：古人借钱物把数据写在竹简上，然后用刀从中间剖开，一分为二，借债和放债的各持一半；还债时两半木简相合，数目才能完整显现。因而，"债券"的"券"是"刀字底"。由此又把具有"一分为二、合二为一"的事物用立刀旁的"副"作量词。板书：一分为二、合二为一。）

师：球拍为什么说"一副"？

生：因为要两人对打。

师：眼镜为什么说"一副"？

生：因为眼镜有两块镜片。

师：对联为什么说"一副"？

生：因为对联有上联和下联。

由古人借钱物以木简相合为据，讲到立刀旁与"一分为二，合二为一"的事物相关，教师对这一番字理描述，便将汉字构字及如何使用的始末讲得一清二楚。

4. 故事法

故事法即运用故事阐明字理。一个会意字，就是一段故事。通过讲一个故事，认识一个或几个汉字。"如《伯虎卖画》的故事，说的是唐伯虎卖画，画面上是一个人牵着一只狗，让人猜字，谁猜准了就赠画给谁，有一个人猜中画谜是个'伏'字。又如《杨修修门》的故事，说曹操在门上写了个'活'字，杨修灵机一动，意识到曹操嫌门大了（阔），便把门拆了重修，通过故事来识记'阔'字。"教学"家"字时，也可以通过故事的形式介绍古代先民的游猎生活习性及人们养豕定居为家的情况，以及中国古代最早的干栏居。这样，学生不但理解了"家"的构字原理，还了解了人类生活的演变历史。又如一位教师教"虹"字：

师："虹"字为什么也有虫字旁呢？

（教师出示雨后彩虹图，学生依据图意讨论、发言。）

生1：彩虹像条弯着身子的长虫，所以有虫字旁。

生2：我听奶奶讲，雨过天晴了，天上就会有一条前后长着两个头和嘴巴的长虫下到河边喝水，喝够了又回到天上去。

师：这个同学的奶奶讲的是民间传说。古时候由于科学不发达，人们以为彩虹真的是天上的大虫雨后下来喝水，所以"虹"就用"虫"作偏旁。

先民对于彩虹这一自然现象的幻想寓于"虹"字中，课堂上教师的娓娓讲述，使原本易错的虫字旁牢牢地印在学生脑海里。

教师亦可根据会意字的造字原理，自己搜集或创编一些有趣的汉字故事，像《砍掉木字，弄巧成拙》这样的小故事：

古时候，有个聪明过人的孩子叫徐儒。有一天，他听到邻居郭先生在院子里咚咚地砍树，就赶忙跑过去，问道："先生，好端端的一棵树，你为什么要砍掉它呢？"郭先生说："在四四方方的院子里长着一棵树，院中有木，这不就是窘困的'困'吗？我要摆脱困境，就非砍掉这棵树不可！"徐儒想了想，笑着说："先生，你把树砍了，可是人还住在这四四方方的院子里，岂不又成了囚犯的'囚'字吗？那可比困境更糟糕啊！"郭先生立即放下斧头，对徐儒说："砍也不是，不砍也不是，那我该怎么办呢？"徐儒笑着说："任何事要靠人去做，与字有什么关系呢？"

通过讲述这样的汉字故事，学生既可以形象地认知和记忆汉字部件之间的会意关系，又可以体会汉字中蕴涵的文化与故事中包蕴的哲理。

5. 歌诀法

歌诀法即运用朗朗上口、易背易记的儿歌口诀，将汉字字形构造及其与字义的联系揭示出来，帮助学生熟识字音、记忆字形、理解字义。

朝：一轮红日升草间，一弯残月挂天边。

乌：鸟少一点成了乌，乌鸦好像没眼珠。只因全身羽毛黑，所以远看不清楚。

仙：一人住在山间，从不和人见面。可以不吃不喝，却能活到千年。

衍：水行中间，越流越远。犹如子孙，世代繁衍。

盗：一人欠着身，俯瞰皿中物。此物真是美，两滴口水出。于是起坏心，把它偷回屋。

章：说是立早，实为音十。吟诗作文，用它表示。

竟：儿是人变形，人上是个音。人把音乐唱，唱完就是竟。

这些歌诀语言短小，句式整齐，讲究韵脚，易诵易记。关键是巧妙地将汉字的构意融入其中，学生在记诵歌诀的过程中既领会了形义关系，也记忆了汉字字形。

以上这些字理识字的方法，其核心均是用形象生动的方式揭示汉字字形与字义之间的关系，从而帮助学生的汉字学习从生动的汉字形象过渡到简洁抽象的符号。这既符合汉字的构字规律，亦符合儿童的认知心理。这些方法不是独立使用的，常常是综合使用的。所谓教学有法而教无定法，这里介绍的字理识字的方法也只是最为基本的几种。

第四章　教师视角下的识字教学案例分析

在这一章，请大家赏析两个课例片段，一个是字理识字课，另一个是《秋天的雨》。通过这两个教学片段，可以看到教师是如何运用字理进行识字教学的，又是如何将字理融入小学语文教学的各个环节，让字理真正为学生的语言学习服务的。

第一节　教师视角下的字理识字教学案例

一、质疑激趣

师：(出示图片：一束鲜花)这是什么？

生：一束鲜花。

(教师让学生读准词语，然后继续出示图片，认读"一顶帽子、一面镜子、一杯牛奶、一轮朝阳、一串珍珠、一副球拍"等词语，特别强调读准后鼻音的"顶""镜"这两个字。)

师：中国的汉字多有特点呀！"鲜花"说"一束"而不说"一条"，"帽子"说"一顶"而不说"一个"，"朝阳"说"一轮"而不说"一只"，"球拍"说"一副"而不说"一张"。你看，我们中国汉语表达的方式真是丰富多样！可这是为什么呢？

二、溯本求源，字理识字

1. 一束鲜花

师：(指引学生看图)"一束鲜花"的"束"为什么是"木"字中间加个"口"？为什么说"一束鲜花"？

(小组代表在教师的引导下解说"口"是根绳子，"束"是绳子把树枝捆扎起来的意思。)

(教师分别板画了一朵花、一枝花、一束花，让学生进行区分辨读，并随机引导学生理解"鲜"的形义。通过教师的引导析解，学生理解了"鲜"由"鱼"和"羊"组成，这是因为古人把塞北和江南两地人们的不同口味表达出来了，教师还用顺口溜让学生识记为："江南水连天，鱼肉味道鲜；塞北羊儿肥，羊肉味道美。")

师：谁能用"一束鲜花"说一句话？

生1：我买一束鲜花送给妈妈。

师：你很爱妈妈，是个好孩子。还有谁说？

生2：今天是母亲节，我买了一束鲜花送给妈妈。

师：呦，都很爱你们的妈妈！我是个男老师，感到很遗憾，有谁是买束鲜花给爸爸的吗？(众笑。)

生3：……

"束"作为一个量词，其使用方法往往是约定俗成的。但也有其背后的道理。教师帮助学生知其然，亦知其所以然，运用汉字的字理将语言文字的使用诠释得非常到位。在方法的使用上，借助图示法，将"束"字的本义表示出来，使学生悟出"口"是绳索，"束"是用绳子把树枝捆扎起来的意思。这样的汉字析解形象、具体，使学生将汉字的形与义紧密联系起来，不但加深了对"束"字本义的理解，其探究过程也培养了学生良好的思维品质。教师通过简笔画勾勒出一朵花、一枝花、一束花，让学生在对比中，对"束"字的理解和运用更加准确。对"鲜"字的形义析解，则让学生在理解字形的基础上感受了汉字的文化内涵。

2. 一顶帽子

师："帽子"为什么说"一顶"？

由"顶"的字形构造，到"顶"作为量词的使用，结合字理诠释到位。

师：注意看"帽子"的"帽"(教师书写"帽"的右上部分)，这一部分有很多人写错。(边说边写)第一种写法是缺口框里两横悬空；第二种写法是缺口框里中间一横悬空，下面一横封死；第三种是缺口框里中间两横全封死。哪种写法正确？认为第一种正确的举一个手指，认为第二种正确的举两个手指，认为第三种正确的举三个手指。

（学生举手示意。）

师：（教师板画"冒"的古文字）缺口框就是帽子的象形，中间两个短横像帽里的头发，下面"目"是眼睛，缺口框里的两横封死的话就像把帽子上下封死了，这样就戴不进去了。所以"帽"字右上的中间两短横左右两边不封，以此表示帽子戴在头顶上。和它相关的字还有"冕"，也是帽子的意思，所以上面的两短横也是左右两边不封的。理解了吗？

由此可见，字理也体现在汉字的书写中。了解字理，正确理解汉字形义关系是学生正确书写字形的基础。

生：理解了。

师：帽子戴在——

生：头顶上。

师：所以帽子就说——

生：一顶帽子。

3. 一面镜子

（教师先引导学生观察"面"字中间的部件是"页"少了下面的两点，"页"是人的头部，那么，在它两边的"［　］"写成"（　）"就像人的左右脸面了。）

师：我们理解了"面"原来就是指人的脸面。那么，"镜子"为什么说"一面"？镜子是拿来干什么的？

生：照脸面的。

师：对啊，镜子是用来照脸面的。人的脸面又是比较平、薄的，镜子也一样，所以镜子说——

生：一面。

（教师还随机引导学生理解古人"以铜为镜"，所以"镜"字用"金"字作形旁的字理，然后让学生高声诵读"以铜为镜可以正衣冠，以史为镜可以明得失"的古训。）

借助字理，学生识字便可真的做到"形象感知"和"意义识记"。教师对"面"字的分析，将学生带入了一个美妙的汉字构形情境，学生眼中的"面"字，不再是由几个笔画构成的抽象符号，而就是一张"脸"。既然镜子是用来照"脸"的，亦平如"脸面"，故而修饰它的量词用"面"。由"一面镜子"，学生又懂得了古人曾磨铜为镜，知道"以铜为镜可以正衣冠"。

这样的教学，学生犹如徜徉在文化的长河中，聆听着一个个生动的汉字故事，感受着祖先的无穷智慧。

4. 一杯牛奶

师："牛奶"为什么说"杯"？"杯"字为什么用"木"作形旁？

（教师根据小组代表的解说引导学生理解远古的杯子曾用木头制作，所以"杯"用木字旁。后出现陶瓷器具后，"杯"曾写成上"不"下"皿"，声旁"不"古音与"杯"的读音同，现仍具有双声关系。）

师：除了说"一杯牛奶"，还可以说"一杯"什么？

（学生先后分别说出"一杯奶茶""一杯果汁""一杯清茶"等。）

师：谁能用所说的词语说一句话？

生：妈妈工作很辛苦，她下班回到家，我给她倒上一杯红茶。

师：爸爸也下班回来了——

生：爸爸下班回来了，我给爸爸倒上一杯清茶。

师：你真细心，知道妈妈爱喝红茶，爸爸爱喝清茶，真是爸爸妈妈的乖孩子。

学了"杯"字，学生了解了古人曾"以木制杯"。不仅如此，教师又从一个"杯"字，引导学生说出"一杯××"词语，进而引导学生用"一杯××"说一句话，由字到词，由词到句，在语境中识字，引导学生学以致用。

5. 一轮朝阳

师："朝阳"为什么说"一轮"？要理解这个说法首先要理解什么叫"朝阳"。

（教师先引导学生理解"阳"的形义，把"阳"横倒就像旭日从两座山岭中升起的样子，由此让学生形象地感知到左耳旁的字与山岭高地有关，并旁延列举了"险、阵、陆"等字，这些字都与山岭有关。）

师："阳"是太阳，"朝"是什么意思？

生：早晨。

师：从"朝"字的字形可以看出是早晨的意思吗？

生1："朝"字有个"早"，所以是早晨的意思。

生2："朝"字还有个"月"字，很早，月亮还没有完全落下去。

（教师通过板画对"朝"字进行形义析解："朝"左边"日"的上下的"十"表示草。正是："一轮红日升草间，一弯残月挂天边。"）

师：月亮快要落下去了，太阳很快就要从草丛中升起啦，这是什么时候？

生：早晨。

师：早晨的太阳就叫作——

生：朝阳。

师：朝阳又大又圆，圆得像什么？

生：圆得像车轮。

师：所以我们就称早上的太阳叫——

生：一轮朝阳。

教师形象地析解"朝"字。"一轮红日升草间，一弯残月挂天边"揭示了"朝"的字义，在学生面前勾勒了一幅旭日东升图，唤起了无尽的遐想。由朝阳又大又圆，教师又引导学生想象日圆如轮，如此得出"朝阳"要用"一轮"。语文教学中，抓住汉语言文字的特点，注重培养学生的语文思维，正是如此。

6. 一副球拍

师："一副球拍"的"副"为什么用立刀旁的"副"？

（教师从"券"字为什么是"刀字底"说起：古人借钱物把债据写在木简上，然后用刀从中间剖开，借债和放债的各持一半；还债时两半木简相合，数目才完整显现。因而，"债券"的"券"是"刀字底"，由此又把具有"一分为二，合二为一"的事物用立刀旁的"副"作量词。板书：一分为二，合二为一。）

师："球拍"为什么说"一副"？

生：因为要两人对打。

师："眼镜"为什么说"一副"？

生：因为眼镜有两块镜片。

师："对联"为什么说一副？

生：因为对联有上联和下联。

师："一幅油画"的"幅"为什么用"巾"字旁？

（教师左右手分持"副""幅"两字，读下面一段话，要求学生根据该用"副"还是"幅"分别用举左手或右手的方式表示：一位老爷爷戴着一副老花眼镜，他对人和蔼可亲，见人总是一副笑脸。他喜爱美术，给我画了一幅油画。天气太冷了，我送给爷爷一副手套。）

（当说到老爷爷见人总是"一副笑脸"时，有些学生犹豫不决，有些则选错。这时教师启发道："人的脸可分为左脸和右脸，爷爷笑的时候会是左脸笑右脸不笑吗?"学生立刻领悟到人的脸分为左脸和右脸，左脸和右脸组合构成了人的一张脸，"副"蕴涵着"表情或相配成组、成双的东西，相当于双、张"，所以，学生很快又选择了"副"。)

"幅""副"历来是学生最易混淆的两个字。教师教学时由古人借钱物以木简相合为据，讲到立刀旁与"一分为二，合二为一"的事物有关，这样的字理分析不仅有思维的训练和文化的浸染，更是从根本上消除了导致学生写错别字的症结。

三、畅谈收获

生1：我原来不知道"一束鲜花"的"束"中的"口"是表示绳索，我还以为是"口"啃树"木"呢。

生2：通过学习，我知道了左耳旁"阝"表示山岭高地，我一直以为它就是左边的耳朵。

……

师：(在天津快板的曲调节奏中言说)课已上完了，收获大不大?

生：伸出我的小手指，自己来评价。

(学生纷纷伸出十个手指评价自己的收获。最后，教师引导着学生在天津快板的曲调节奏中高声说：课已上完了，收获真是大。伸出我的大拇指，自己把自己夸!)

"课已上完了，收获真是大。伸出我的大拇指，自己把自己夸!"在学生稚嫩的童声与笑声中，教师走下讲台。然而，从他们异常兴奋的神情和余兴未消地围着教师问这问那的情景中，我们不难知道，学生的收获岂止是认识了几个汉字，知道了几个汉字的故事? 教师以他深厚的文化底蕴和教育智慧，在教给学生几个汉字的同时，将对祖国语言文字的深厚感情感染了学生，将汉语言文字源远流长的文化浸润给了学生，将析形索义、因义记形的识字方法与能力传递给了学生。

第二节 教师视角下的字理析词教学案例

在识字教学中，充分依据汉字因义构形的构字原理，同时，遵循小学生的年龄特点与认知规律，引导学生析形索义，形象而科学地识记汉字，使其在识记汉字的过程中理解和体会汉字背后的文化，培养对汉字的审美心理和意识，从而引导学生热爱祖国语言文字的深厚情感。这种字理识字的教学理念早已成为每一位字理识字倡导者与实践者矢志不渝的价值追求。这种教学思路也因其倡导者与实践者的不懈坚持，已在汉语识字教学中产生了广泛的影响。然而如何使这种探及本源、深入具体、形象生动、诠释到位的教学思路惠及阅读教学呢？广西小学教育研究中心研究员、特级教师黄亢美及其带领的研究队伍在字理识字的基础上又探索出字理析词的教学思路。

所谓字理析词，又叫运用字理析解词语，是对字理识字的发展，具体地说，就是从字源上了解该词的本义，而后再联系上下文或查字典选择适当义项理解其文中义，从而帮助学生深入地理解词语，做到知其然，亦知其所以然。这种教学方法最主要的特点就是抓住根本，诠释到位，有效地帮助学生深入理解词语的本义、引申义和文中义。

以《秋天的雨》为例，谈一谈字理析词在教学中呈现的几个特点。

文章以"秋天的雨"为主题，着意描写了秋天的色彩、气味，以及动植物的变化。文章的语言优美生动，烘托出秋天丰收、欢乐的意境之美。在教学这篇课文的第一课时，引导学生重点学习第二自然段——色彩美。原文如下：

秋天的雨，有一盒五彩缤纷的颜料。你看，它把黄色给了银杏树，黄黄的叶子像一把把小扇子，扇哪扇哪，扇走了夏天的炎热。它把红色给了枫树，红红的枫叶像一枚枚邮票，飘哇飘哇，邮来了秋天的凉爽。金黄色是给田野的，看，田野像金色的海洋。橙红色是给果树的，橘子、柿子你挤我碰，争着要人们去摘呢！菊花仙子得到的颜色就更多了，紫红的、淡黄的、雪白的……美丽的菊花在秋雨里频频点头。

一、字理析词与词语解析的层次

先来看第二自然段的一个教学片段①：

师：秋天的大门打开了，有什么景色？请你们听教师读第二段，一边听一边用笔把表示颜色的词语画出来。

（师配乐范读第二段。）

孩子们，告诉我，在这么多美丽的景物中你都找到了什么颜色？

生：有黄色、红色、金黄色、橙红色、紫红色、淡黄色和雪白色。

———————————

① 2008年12月小学语文教学法研究会第十三届年会上由黄婧薇老师执教的《秋天的雨》，笔者记录与整理，整理时略有删改。

（教师请这个学生和另一个学生将找到的颜色词语写在黑板上。同时，请一个组的学生开火车读每一个颜色词。）

师：秋雨有这么多的颜色，用课文中的一个词语概括它。

（教师板书：五彩缤纷。）

"五彩缤纷"的意思是什么？

生：（齐答）颜色很多。

师："五彩缤纷"中的"彩"字有一个偏旁，就是表示很多颜色的花纹。你们找找。

生：三撇旁。

师：三撇是不是只有三种颜色？五彩是不是只有五种颜色？我们的祖先很聪明，往往用三、五、九这样的数字表示数量多。我们的祖先还更聪明，他们造汉字的时候还往往用同一个部件在不同的汉字中表示不同的意思。三撇在"彩"中表示色彩和纹路，在"影子"的"影"中表示光线和光影，在"胡须"的"须"中表示胡子和毛发。这些知识今后我们将再进一步学习。

师：同样表示颜色很多的还有哪些词语？（五颜六色、五光十色。）

既然都表示颜色多，干吗课文里用"五彩缤纷"，却不用"五颜六色"？用"五颜六色"替换"五彩缤纷"行不行？

（让学生将"五颜六色"放到课文里读一读。学生自己试读、思考。）

师：刚才有同学说用"五颜六色"代替"五彩缤纷"不好，但是也可以。到底可不可以呢？合不合适呢？对不对呢？要解决这个问题，我们要从汉字的形义特点来理解。

师：你们看"缤纷"两个字是什么偏旁？（绞丝旁）绞丝旁跟什么有关？（丝线）试想，五颜六色的丝线交杂在一起，在这里"缤纷"二字带有"繁多、杂乱"的意思。多种颜色混杂，很是绚丽多彩，"缤纷"这个词带着一种动感美。而"五颜六色"这个词语主要是描写静态的色彩美。不信你们看教师手中的纸屑（顺手抓起一把事先准备好的彩色闪亮的碎纸屑展示给同学看）。你们看一看，教师手中有着很多的纸屑，待会儿你们看一看用哪个词语来描写它，是用描写静态美的"五颜六色"，还是用描写动态美的"五彩缤纷"。

（教师将纸屑托在手掌上）你看，现在我的手没动，但颜色是有的。

生：五颜六色。

师：为什么？

生：因为是静态的。

师：这回有变化了（教师翻动手掌，各种色彩的闪亮的纸屑纷纷飘落在讲台上），这回叫什么？

生：（高声齐答）五彩缤纷。

师：学到这里，我们终于明白了，"五彩缤纷"和"五颜六色"的区别就在于："五彩缤纷"不仅是颜色多，而且还有一种动感美，而"五颜六色"只有一种静态美。你们来找一找第二自然段中哪些词是动态的描写，请你们用波浪线画下来。

（学生默读课文，找动词并画线。）

在上面这个教学片段中，对"五彩缤纷"的解析，运用的就是字理析词的教学思路。教学时运用了"分解—组合"的教学方式。先将"五彩缤纷"拆分成"五""彩""缤纷"三个语素，分别进行解析。"彩"字中的三撇代表色彩和纹路，就是表示颜色很多；"五"彩不是只有五种颜色，三、五、九这样的数字往往表示数量多。这样，"五彩缤纷"所表示的五颜六色、颜色很多的意思就被解析出来了。"既然都表示颜色多，干吗课文里用'五彩缤纷'，却不用'五颜六色'？用'五颜六色'替换'五彩缤纷'行不行？"教师的这一追问，直指"缤纷"的独特意蕴。"缤纷"二字最早用来形容众多、杂乱的样子，故有"落英缤纷"之说。汉魏以后，又用来形容风吹飘舞的样子，突显其动态感。至此，"五""彩""缤纷"三个语素各自的意思已然明了，组合起来，"五彩缤纷"不仅表示颜色多，而且还有一种动感美。

这样的词语析解方式使词语的学习与品味体现出很强的层次感。

第一层，品出了词的本义、引申义和文中义。通过"分解—组合"的解析思路，让学生获得"五彩缤纷"的本义；借助彩色亮片飘落的动态情景，把学生对"五彩缤纷"的理解引向深入；把"五彩缤纷"放回文中——"秋天的雨，有一盒五彩缤纷的颜料"，结合第二自然段描摹的秋天动态的色彩美，请学生找出描写动态的词，进而体会"五彩缤纷"的文中义。

第二层，品出了语言的味道：为什么这么写。"好的文章从来讲究词语的推敲，在怎样的具体语言环境里选用怎样的词语最能传送情意是大有文章的。法国著名作家福楼拜曾有这样精彩的论述：'不论描写什么事物，要表现它，唯有一个名词；要赋予它运动，唯有一个动词；要得到它的性质，唯有一个形容词。'作者苦心琢磨，寻找那'唯一'的，我们阅读时就要潜心思索，识别那'唯一'的佳妙，大而化之，一晃而过，就不能体会。"[1]如

---

① 于漪. 指导学生探幽发微：于漪文集（第2卷）[M]. 山东：山东教育出版社，2001：30.

果大而化之，一晃而过，"五彩缤纷"就是"五颜六色""颜色很多"。"五彩缤纷"为什么不能替换为"五颜六色"？如果大而化之，"五彩缤纷"比"五颜六色"多的就是"不仅颜色多，而且还很美"。只有教师引导学生探幽发微，将"缤纷"二字探个究竟，才能精准地理解课文语言所表现出来的"动感美"。学生在阅读中有了对词语的这种细致入微的品味，才会有将来写作时谨慎的选词炼字。

第三层，品出了词语的情感：为什么写。学习课文时，学生通过置换（用"五颜六色"置换"五彩缤纷"）、移情（联系生活）和赏读，感受了秋天绚丽的色彩美与富有生命感的动态美，体会到作者对秋天有着无限的喜爱，并让这种情感在语言文字中流淌。正如刘勰在《文心雕龙》中所言："缀文者情动而辞发，观文者披文以入情，沿波讨源，虽幽必显。"教师凭着自己对语言的独特感受与深入理解，引导学生对语词进行细致的解析与多层次的品赏，从而走进了语言精微隐秘的深处，唤醒了学生的言语感觉和言语悟性，使他们逐渐获得言语领悟能力和创造能力，如此这般的语文课，其"语文味"可谓浓矣！

二、字理析词与词语解析的时机

所谓"字不离词，词不离句，句不离篇"，是指在学习字、词、句的时候，不能离开构成它们的语境。反过来看，任何一篇文章都是由句子构成的，句子是由词语构成的，而词语又是由语素构成的，汉字则记录了语素。教学中遵循着这样的篇章组构规律，常常需要做到的恰恰是"篇不离句，句不离词，词不离字"。选择恰当的时机，将理解词义与理解文意统一起来，就显得尤为重要了。这一自然段的教学中拎出一个牵一发而动全身的词语——"五彩缤纷"，将理解、辨析词语与识字紧密结合，从而将该词语解析得深透——色彩与动感俱美，进而带着这样的"先见"去阅读课文。学生不仅读出了丰富的色彩，也读出了秋日里树叶"扇哪扇哪""飘哇飘哇"的动态美，体验了橘子、柿子等小果子"你挤我碰"的丰收热闹的场景，感受了金黄色的田野像海洋一样广阔、麦浪像海浪一样翻滚的壮丽景象，领略了各色菊花在秋风中"频频点头"的秀美身姿。与此同时，在文章的有机整体中品味与揣摩"五彩缤纷"。如此循环往复，对词语越解越具体，越品越有味儿，对文章越读越透彻，越品越明晰。识字、阅读融为一体，凸显了语文教学的本色。

三、字理析词与语文课程中民族文化的渗透

越来越多的有识之士"把语文教育看作是人的一种文化活动、文化行为，是人有意识

地在专门的文化传递中对文化内容的选择和接受，对文化价值的体验和判断，对文化精神的理解和阐释。"①而语文教育中的人——教师和学生，则都应是有生命活力的文化主体。所以，在语文课程的内容设计上，教师要挖掘语言文字中所蕴涵的本体文化（汉字、汉语、修辞等方面所体现出的文化）和民族传统文化，以知识经验的形态呈现出来，唤起学生的学习动机与兴趣，锻炼学生的思维能力，从而提高认知水平，丰富文化积累。

在教学中，教师除了将"五彩缤纷"解析得细致入微外，还在多处挖掘出汉字文化元素，渗透在教学的诸多环节中。如：

我们的祖先很聪明，往往用三、五、九这样的数字表示数量多。我们的祖先还更聪明，他们造汉字的时候还往往用同一个部件在不同的汉字中表示不同的意思。三撇在"彩"中表示色彩和纹路，在"影子"的"影"中表示光线和光影，在"胡须"的"须"中表示胡子和毛发。

"频频"为什么是"不停"的意思？……"频"右边的"页"表示"头"，加上左边的"步"——走一步，点一下头，再走一步，点一下头……所以"频频点头"就是不停地点头。

教师选择他认为最有利于学生发展的文化内容，这些内容在学生的认知结构中不仅能满足知识的"量"的积累——博而精要，而且能实现"质"的提升——优化知识结构，促进迁移运用。学生在这样的学习过程中，加深了对祖国语言文字的理解，唤起了对语言文字的美好情感和审美感觉。"在民族语言照亮而透彻的深处，不但反映着祖国的自然，而且反映着民族精神生活的全部历史……一代跟着一代，把各种深刻而热烈的运动的结果、历史事件的结果，信仰、见解、生活中的忧患和欢乐的痕迹，全部积累在本民族语言的宝库里。""本民族语言是一切智力发展的基础和一切知识的宝库，因为对一切事物的理解都要从它开始，通过它并回复到它那里去。"②思考与践行语文课程的文化意义，是语文教育工作者义不容辞的责任。

回味教师这节课，留给听者的是：

"厚重"——教师深厚的积淀与强烈的传承汉字文化的责任感和使命感。

"扎实"——品味与训练到位，人文与语文强化。

"丰富"——生活、语言、文字、文化相勾连。

"优美"——文字美，语言美，声音美，画面美，书写美，人也美，这一切构成了整体的意境美，这似乎就是小学语文教学之美。

---

① 曹明海，陈秀春. 语文教育文化学[M]. 山东：山东教育出版社，2005：58.
② ［苏］洛尔德基帕尼泽. 乌申斯基教育学说[M]. 范云门，何寒梅，译. 江苏：江苏教育出版社，1987：157.

第五章　教师视角下的常用字识字教学实践

本章列举了多个常用字作为教学实践的例子，内容包括字理分析、书写技法、规范提示和课件参考。

第一节　常用字识字教学实践(一)

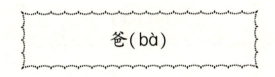

爸(bà)

一、字理分析

从父巴声。

本义：对父亲的称呼。例：爸爸。

二、书写技法

1. 第一撇和点角度对称，长度相等。
2. 第二撇和捺角度对称，长度相近，交点偏上。
3. 第二撇与捺的交点与"巴"部竖弯钩横部的中点在一条垂线上，上下中心对正，保证了字形的稳定。

4.“巴”部的一小部分在“父”部的里边，以保证字的上下两部分联系紧密，整体内紧外松。

三、规范提示

1.“父”部的前两笔撇和点分开。

2.“巴”部的第二笔是竖。

四、课件参考

在撇画和捺画的交点处画一个白点，沿着这个点作垂线，垂线和竖弯钩的横部的中点竖直对齐，说明字形上下对正，字形重心平稳。

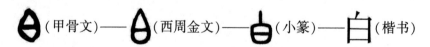

白（bái）

一、字理分析

（甲骨文）——（西周金文）——（小篆）——白（楷书）

“白”字甲骨文像大拇指之形，拇指在手足指中居首位。

本义：排行第一的。后来写作“伯”。

假借为：

1. 白色。例：黑白；白纸；白墙。

2. 洁净，纯洁。例：襟怀坦白；清白。

3. 明亮。例：白昼；白日；白花花。

4. 明白，清楚。例：真相大白；不白之冤。

5. 说明，陈述。例：表白；辩白；剖白；自白。

6. 戏曲中只说不唱的台词。例：道白；独白；对白。

7. 白话。例：文白。

8. 丧事。例：红白喜事。

9. 没有外加其他的东西，空无所有的。例：白卷；白开水；白手起家。

10. 没有效果地，徒然。例：白操心；白忙活。

11. 不付出代价的，没有报偿的。例：白送；白给。

12. 用白眼珠看。例：白他一眼。

13. 象征反动。例：白区；白军。

假借为：

读音或字形错误。例：白字。

二、书写技法

1. 左右两竖角度对称。

2. 三个横距离相等。

3. 撇的起笔处对准第一横的中点。

三、规范提示

1. 撇和竖相连的地方竖出头。

2. 第四笔短横只和左侧相连，不和右侧相连。

3. 两个竖的下端出头。

四、课件参考

1. 由撇画的起笔处向下画垂线，以示撇的起点和下面两个横的中点竖直对齐。

2. 如下图画出横虚线，以示这个字的各部分之间距离匀称。

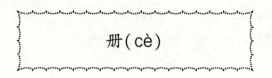

册（cè）

一、字理分析

（甲骨文）——（西周金文）——说文古文——（小篆）——册
（楷书）

甲骨文像简册之形，其中竖直的线条像一片片竹简，中间横向线条为编绳之形。

本义：简册。例：《尚书·多士》"惟殷先人，有典有册"。

引申为：

1. 簿籍。例：画册；名册；纪念册。

2. 皇帝册封的命令。例：册封；册立。

3. 用于书籍的量词。例：第一册。

二、书写技法

1. 四个竖向笔画之间的距离基本相等，左右的笔画长，中间的笔画短。

2. 长横的五段中第一段、第五段稍长，即外松；中间的三段稍短，即内紧。

3. 长横在字的中间偏上的位置，即黄金分割点。

三、规范提示

1. 这个字是独体字，不是左右结构。

2. 注意笔顺，横画是最后一笔。

四、课件参考

如右图所示，用白色圆点标示出横画与四个竖向笔画之间的四个交点，横画被四个竖向笔画分成的五段中，左、右两段相等，长度稍长；中间三段相等，长度稍短，体现

内紧外松的结构特点。

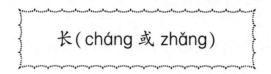

一、字理分析

（甲骨文）——（金文）——（小篆）——長（繁体楷书）——长（简体楷书）

"长"字甲骨文像人长发之形。

本义：空间、时间距离大。读作"cháng"。例：长短；长久。

引申为：

1. 长度。例：全长。

2. 长处。例：特长；取长补短。

3. 做得特别好。例：长于写作。

由本义"空间、时间距离大"，还可引申为：

1. 生长，成长。读作"zhǎng"。例：长大。

2. 增进，增加。例：长见识。

二、书写技法

1. 横和竖提的竖部角度垂直，撇和捺角度对称。

2. 横和竖提的交点偏左上。

3. 整体上边小，下边大，左边紧，右边松。

三、规范提示

1. 笔顺是撇→横→竖提→捺。

2. 这个字一共四笔，竖提不要断为两笔。

四、课件参考

以图片展示"长"字的甲骨文、小篆、隶书、繁体楷书、行楷、行草、草书和简体楷书字形，让学生了解简化字的来历和笔顺。

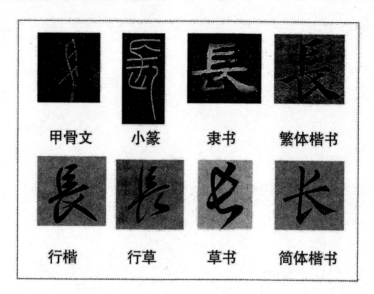

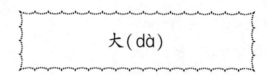

大（dà）

一、字理分析

"大"字甲骨文像人正立而叉开两腿伸张两臂之形。

本义：在体积、力量等方面超过一般或超过所比较的对象。例：声音大；大风。

引申为：

1. 大小的程度。例：多大。

2. 副词，表示程度深。例：大红；大吃一惊。

3. 排行第一。例：老大；大哥。

二、书写技法

1. 横的长度适中。

2. 撇的上半部分和横角度垂直，下半部分和捺角度对称。

3. 三个笔画的连点偏左偏上，是整个字的黄金分割点。

三、规范提示

三个笔画连在一起。

四、课件参考

在字的外部画一个大圆圈，在横、撇、捺的连点画一个圆点，可以清晰地看出这个点在圆圈的位置偏左偏上，从这个圆点画横竖线，可以更加清晰地看出这个位置是字的黄金分割点。

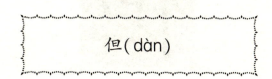

但 (dàn)

一、字理分析

但 (小篆)——但 (楷书)

从人旦声。

本义：脱衣露出上身。后来写作"袒"。

假借为：

1. 副词，表示对动作行为范围的限制，相当于"只""仅"。例：但愿；但求无过。

2. 连词，连接两个分句，表示转折关系，相当于"可是""不过"。例：但是。

二、书写技法

1. 左半部分窄长，右半部分宽扁。

2. 左右两部分距离较近。

三、规范提示

单人旁的竖是垂露竖。

四、课件参考

学生在分析这个字的结构时可能会问，楷书结构要求左紧右松，但是这个字为什么左边长，右边短呢？为了回答这个问题，我们可以把单人旁的撇的末端和竖的末端用虚线连起来，得到三角形 A，把"且"部的下部空白用虚线连起来，得到梯形 B。通过比较，我们能够看出，B 的面积比 A 大，这就是左紧右松了。所以，松紧不是简单的长短或者宽窄，而是字内的空白面积的比较。

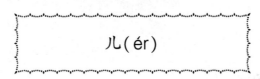

儿(ér)

一、字理分析

（甲骨文）——（金文）——（小篆）——兒（繁体楷书）——儿（简体

楷书）

"儿"字甲骨文像小儿头大而囟未合之形。

本义：小孩儿。例：儿童；婴儿。

引申为：

1. 年轻的人。例：男儿；健儿。

2. 儿子。例：儿孙；儿媳。

3. 雄性的。例：儿马；儿狗。

二、书写技法

1. 撇短，竖弯钩长。

2. 撇的最低点和竖弯钩的最低点水平对齐。

3. 撇和竖弯钩之间的距离较小。

三、规范提示

第二笔竖弯钩不要写成竖弯。

四、课件参考

1. 如下图左图在撇的末端和竖弯钩的最下沿画一条虚线，可以看出这两个笔画的最低点水平对齐。

2. 如下图右图所示，撇和竖弯钩之间的距离 B 小于撇的宽度 A 和竖弯钩的宽度 C，这是内紧外松规律的体现。

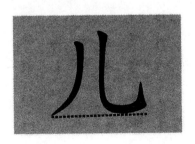
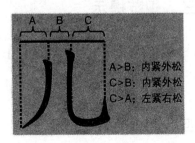

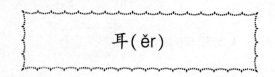

一、字理分析

（甲骨文）——（金文）——（小篆）——耳（楷书）

"耳"字甲骨文像耳朵之形。

本义：耳朵。例：一只耳；耳闻目睹；耳聋。

引申为：

1. 形状像耳朵的东西。例：木耳；银耳。

2. 位置在两旁的。例：耳房；耳门。

假借为：

助词，罢了。例：只增笑耳。

二、书写技法

1. 四个横之间距离相等。第四横被两竖分成长度相等的三段。这样字形比较匀称。

2. 第二、第三横只和左侧的竖相连，即为左紧右松。四个横中第二、第三横最短，即为内紧；第一、第四横比第二、第三横长，即为外松。第四横比第一横长，即为上紧下松。

三、规范提示

1. 第二、第三横只和左侧的竖相连。

2. 第二竖是悬针竖。

四、课件参考

1. 如下图左图画出虚线，以示四个横之间距离相等。

2. 如下图右图画两个圆点，以示这个字中间的两个短横只和左侧的竖相连，不和右侧的竖相连，体现结构的左紧右松。

发(fà 或 fā)

一、字理分析

(西周金文)——(小篆)或(小篆)——髪(繁体楷书)——发(简体楷书)

(小篆)——發(繁体楷书)——发(简体楷书)

"发"有两个来源，即"髪"和"发"，为了区别，分别称之为"发₁"和"发₂"。

"发₁"的金文字形从"首"，小篆字形从"首"或从"髟"，楷书作"髪"，简化为"发"。

"发₂"小篆字形从弓登声，楷书作"发"，简化为"发"。

"发₁"本义：头发。读作"fà"。例：烫发；染发；美发。

"发₂"本义：射箭。读作"fā"。例：百发百中。

引申为：

1. 发射。例：发炮。

2. 送出，交付。例：发货；分发；印发。

3. 起程。例：出发；整装待发。

4. 表达。例：发表；发布；发言。

5. 开始行动。例：发起；奋发；先发制人。

6. 引起，启发。例：发人深省。

二、书写技法

1. 整个字的左右两侧轮廓角度对称，可以保证字形稳定。

2. 撇的起点与横折撇和捺的交点竖直对齐。

3. 竖折的竖部、撇、横折撇的撇部角度平行。点和捺角度平行。

三、规范提示

第一笔是竖折，不要写成横。

四、课件参考

1. 如下图左图在"发"字的左右两侧画出虚线，可以看出这两条线角度对称。

2. 如下图右图在撇的起点画一个白色的点，在横折撇和捺的交点画一个白点，用虚线连起来，可以看出这两个点竖直对齐。

饭(fàn)

一、字理分析

飯(小篆)——飯(繁体楷书)——饭(简体楷书)

从食反声。类推简化为"饭"。

本义：吃饭。例：饭前饭后；尚能饭否？

引申为：

1. 谷类粮食做成的熟食。例：饭熟了；稀饭；饭碗。

2. 每天定时吃的食物。例：早饭；午饭；晚饭。

二、书写技法

1. 左半部分窄，右半部分宽。

2. 左右两部分联系紧密。

3. 左半部分竖提的起点和右半部分横折撇的横部水平对齐。

三、规范提示

竖提不和横钩相连。

四、课件参考

1. 展示"饭"字的楷书、行书、行草、草书图片，让学生观察简化字形的来历。

欧阳询　　　　　　赵孟頫　　　　　　黄庭坚　　　　　　董其昌

2. 从竖提的末端向"反"部第一撇画一个箭头，可以显示左右两部分之间的联系。

3. 从第一撇的起点向全字末笔捺画一个箭头，可以显示首尾呼应。

4. 从竖提的起点向"反"部的横折撇之间画一条虚线，可以看到这条线就处在这个字中间偏上的位置，即字的高度的黄金分割点。

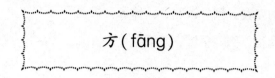

一、字理分析

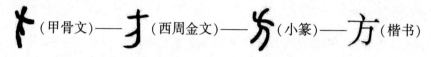

"方"字甲骨文像农具耒。

本义：指翻耕出来或挖出的土块。

假借为：

1. 方形。例：正方形；长方形。

2. 正直。例：方正；端方。

3. 方向。例：东方；南方。

4. 方面。例：甲方；对方。

5. 方法。例：千方百计；方略。

二、书写技法

1. 点和横分开，点的中点和横的中点竖直对齐。

2. 从横的中点的正下写横折钩。

3. 从横的中点写撇。撇和横折钩的竖部角度平行。

4. 点和撇角度对称。

三、规范提示

第三笔写横折钩，第四笔写撇。

四、课件参考

画四个白色圆点，分别放在第一笔点的中点、第二笔横的中点(也是横和撇的连点)、横折钩的起点、横折钩出钩的地方，再画一条垂线，学生能够清晰地看出这四个点竖直对齐，只要做到四点竖直对齐，字的重心就稳定了。

第二节　常用字识字教学实践(二)

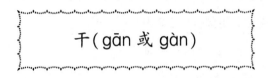

干(gān 或 gàn)

一、字理分析

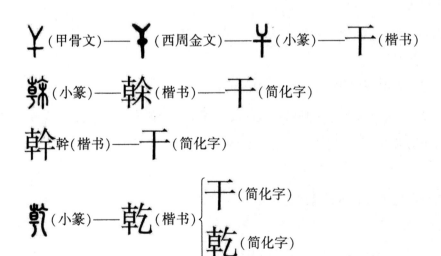

简化字"干"对应着四个繁体字，即"干"和"榦""幹""乾"，为了区别，我们分别称之为"干₁""干₂""干₃""干₄"。

"干₁"的甲骨文字形像于有丫杈的木棒上增加"一"作为指事符号，金文字形像于有丫权的木棒上增加圆点作为指事符号，指出该木棒的主体部分，因此，"干₁"的本义就是"事物的主体或重要部分"，读作"gàn"。同时，木棒也是古人狩猎的重要武器，因此"武器"也是与"干₁"相切合的本义，读作"gān"。

"干₂"《说文解字》说解为"筑墙端木也。从木㚔声"，本义就是"古代筑墙时于夹板两边竖起的起固定作用的木柱"，读作"gàn"。

"干₃"是由"干₂"变异分化出来的，所以它的本义也是"古代筑墙时于夹板两边竖起的起固定作用的木柱"。读作"gàn"。

"干₄"《说文解字》说解为"上出也"，本义就是"冒出"，读作"qián"，这个字的本用用法至今仍作"乾"。该字的假借用法——记录"干燥"等意义系列的字读作"gān"，后来简化为"干"。

"干₁"的本义有两个，一是"事物的主体或重要部分"，这个意义的"干"读作"gàn"，后来写作"榦"或"幹"。汉字简化后，又都写作"干"。例：树干；骨干；干渠。

由本义"事物的主题或重要部分"引申为：

1. 干部。例：转干；提干；干群；关系。

2. 天干。读作 gān。例：干支。

"干₁"还有武器义。读作"gān"。例：干戈。

由"武器"引申为：

1. 冒犯。例：干犯。

2. 追求。例：干禄。

由引申义"冒犯"引申为"牵连"。例：干涉；相干。

"干₂"的本义是"古代筑墙时于夹板两边竖起的起固定作用的木柱"，古代文献中，这个意义的字有时也写作"干₃"。随着社会生产的发展，"干₂"的本义在现代汉语中已不使用。

"干₂""干₃"在古代文献中还被借用记录"干₁"的部分引申义，如"事物的主体或重要部分""干部"。

"干₃"还能记录"做(事)"义。例：实干；干活。

由本义"做(事)"引申为"能干"。例：干练；才干。

"干₄"读作"gān"，被借用来记录"干燥"义。例：干柴；晾干。

由"干燥"引申为：

1. 不用水的。例：干洗；干馏。

2. 加工制成的干的食品。例：饼干；葡萄干。

3. 空虚，空无所有。例：外强中干。

二、书写技法

1. 横和横角度平行，横和竖角度垂直。

2. 第二横和竖的交点是这个字高度的黄金分割点，即中间偏上一点。

三、规范提示

1. 第一横不要写成撇。

2. 竖要写成悬针竖。

四、课件参考

1. 在第二横和竖的交点加一个白点，可以看出这个白点是字的高度的黄金分割点。

2. 在字的外部画上虚线，可以看出分割出的四个图形的面积基本相等，这样可以保证字形匀称。

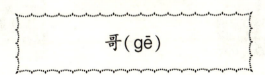

哥(gē)

一、字理分析

哥(小篆)——哥(楷书)

从二可。

本义：声音，歌声。后来写作"歌"。

假借为：

1. 同父母或同族同辈而年龄比自己大的男子。例：大哥；堂哥；亲哥哥。

2. 同辈亲戚中比自己大的男子。例：表哥。

3. 对年龄跟自己差不多的男子的敬称。例：大哥；李二哥。

二、书写技法

1. 上边的"可"小，下边的"可"大。

2. 横画之间的距离相等。

3. 竖画之间的距离相等。

三、规范提示

1. 上边的"可"的竖钩变为竖。

2. 竖和竖钩不要连成一笔。

四、课件参考

1. 如下图左图所示画出竖虚线，以示距离接近，内紧外松，左紧右松。

2. 如下图右图所示画出横虚线，以示距离接近，内紧外松，上紧下松。

3. 如下图左图所示画出白点，以示字的上下两部分的连接点是字的高度的黄金分割点。

4. 如下图右图所示画出两条虚线，以示字形左右对称。

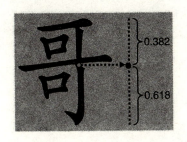 

海 (hǎi)

一、字理分析

（金文）—— （小篆）—— 海（楷书）

从水每声。

本义：靠近大陆的比洋小的水域。例：出海；黄海；渤海；海港；海外。

引申为：

1. 古代指从外国来的。例：海棠。

2. 海里生长或出产的。例：海鲜；海带；海龟。

3. 用于一些湖泊的名称。例：青海；里海；洱海。

4. 比喻聚集成很大一片的人或事物。例：人海；火海；林海；学海。

5. 比喻大。例：海碗；海报；海量。

6. 漫无边际的，毫无节制的。例：海聊；胡吃海喝。

二、书写技法

1. 三点水窄小，"每"部宽大。

2. 左右两部分联系紧密。

三、规范提示

"每"部的两个点不要连成一笔。

四、课件参考

1. 从三点水的第二点的起点向右画一条虚线，以示和"每"部的竖折的起点水平对齐。
2. 从"每"部的撇的起点向下画箭头，和横折钩的末端竖直对齐。

好（hǎo）

一、字理分析

（甲骨文）—— （金文）—— （小篆）—— 好（楷书）

从女从子。

本义：女子貌美。

引申为：

1. 优点多或使人满意的，与"坏"相对。例：好人；好事多磨。

2. 身体康健，疾病消失，生活幸福。例：安好。

3. 友爱，和睦。例：友好。

4. 容易。例：好办；好使。

5. 完成，完善。例：办好了。

6. 表示应允、赞成。例：干得好。

7. 很，甚。例：好冷；好快。

二、书写技法

1. 女字旁朝右的笔画缩短（如横的右边不再出头，撇点的点部缩短），朝左的笔画不缩短(如横的左半部分比右半部分长,第二撇比较长),这就是内紧外松结构规律的体现。

2.“子”部的位置偏下。

三、规范提示

“女”做左偏旁后横变为提,右边不出头。

四、课件参考

1. 画白点和箭头以示上下对正。

2. 画三角形以示“女”部的横右边不再出头。

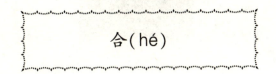

合(hé)

一、字理分析

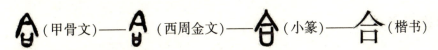

“合”字甲骨文像器盖相合之形。

本义:闭,合拢。例:合眼;笑得合不上嘴。

引申为:

1. 结合在一起,凑到一块儿。例:合办;合力。

2. 符合。例:合情合理;正合心意。

二、书写技法

1. 撇和捺角度对称,末端水平对齐。

2. 三个横的距离基本相等。两个竖角度对称。

3. 横在人字头里面，"口"在人字头外面。

三、规范提示

人字头是撇出头，捺不出头。

四、课件参考

1. 从撇和捺的连点和三个横的中点各画一个白点，过四个白点画一条虚线，以示撇和捺的连点和下面三个横的中点竖直对齐。

2. 从撇和捺的末端画一条虚线，以示横在这条虚线以上，使字的上下两部分有联系，"口"部在这条虚线以下，以示字的结构内紧外松。

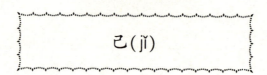

己（jǐ）

一、字理分析

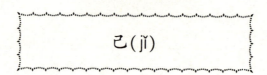

（甲骨文） —— （金文）—— （说文古文）—— （小篆）—— （楷书）

字形构意不明。

1. 第一人称代词，自己，本身。例：己所不欲，勿施于人。

2. 天干第六位，与地支相配用以纪年月日。例：己巳。

二、书写技法

1. 横折的横部长，竖部短。

2. 三个笔画中竖弯钩最长。

3. 三个横部中第二个最短，即为内紧；第三个最长，即为下松和外松。

三、规范提示

横和竖弯钩相连，竖弯钩出头。

四、课件参考

如下图横和竖弯钩的连点是这个字高度的黄金分割点。

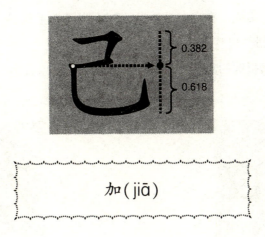

0.382

0.618

加(jiā)

一、字理分析

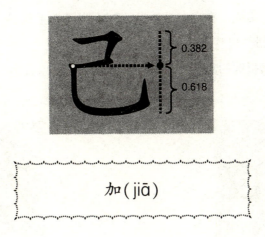 (金文)——(小篆)——加(楷书)

从口从力。

本义：夸大。例：《左传·庄公十年》："牺牲玉帛，弗敢加也，必以信"。

引申为：

1. 增加，增益。例：加码；加大；加强；加快。

2. 外加，把原来没有的东西添上。例：添加；加引号；加按语。

3. 把一个东西放在另一个东西之上。例：加冕；黄袍加身。4. 把某种行为放在别人身上。例：强加于人；施加。

5. 施行，采用。例：多加小心。

6. 加法。例：一加一等于二。

二、书写技法

"加"的结构左长右短，左宽右窄。

三、规范提示

右部的"口"在字中间偏下的位置，符合"右旁短小者下落"的书写要求。

四、课件参考

1. 如下图左图画上虚线，在空白处标上 ABC，引导学生观察，A、B、C 的面积基本相等才是字形匀称，因此"口"不能写得太大。

2. 如下图右图从横折钩的起点向右画一条水平线，可以看出"口"部的上沿在这条水平线上。

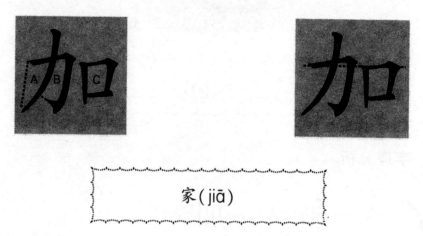

家(jiā)

一、字理分析

𤔔 或 𤔔（甲骨文）——𡩰（西周金文）——家（小篆）——家（楷书）

"家"字甲骨文形像房屋内有猪之形，以房屋和猪表示一个打破氏族公有制而拥有一定的私有财产的血缘团体。

本义：家庭，人家。例：娘家；张家；婆家。

引申为：

1. 家庭的住所。例：回家。

2. 经营某种行业的人家或从事某种专门活动的人。例：渔家；船家。

3. 工作的处所。例：首长不在家。

4. 掌握某种专门学识或从事某种专门活动的人。例：专家；政治家。

5. 学术流派。例：儒家；法家；墨家；阴阳家。

二、书写技法

1. 字形重心稳定。

2. 四个撇角度平行，撇和捺角度对称。

三、规范提示

第一点不与横钩相连，第二点与横钩相连。

四、课件参考

如下图，在第一笔点的中点、横和第一撇的连点、弯钩的最低点分别画个圆点，再画一条虚线，以示这三个点竖直对齐。

开（kāi）

一、字理分析

（石鼓）——（说文古文）——（小篆）——（繁体楷书）——开

（简体楷书）

"开"字古文字形像双手取去门闩之形，本义是"开门"。后来双手形构件变作"廾"，

汉字简化时又将"门"构件简省。

本义：开门。泛指打开。例：开锁；开箱子；开口。

引申为：

1. 打通，开辟。例：开路；开矿。

2. 展开，分离。例：开花；扣子开了。

3. 解冻。例：七九河开。

4. 发动或操纵。例：开枪；开车。

5. 开办。例：开工厂；开医院。

6. 开始。例：开学；开工。

7. 解除。例：开戒；开禁；开释。

8. 开除。例：双开。

二、书写技法

1. 第一横短，第二横长。

2. 撇短，竖长。

3. 撇和竖把第二横分成三段，中间的部分最短，即为内紧外松。

三、规范提示

第一笔是横，不是撇。

四、课件参考

1. 如下图左图第二横的中点是字高度的黄金分割点。

2. 如下图中图画出虚线，以示字形左紧右松。

3. 如下图右图标出 A、B、C，B<A<C，即为内紧外松，左紧右松。

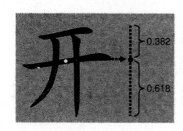  

看(kàn 或 kān)

一、字理分析

看 或 覩 (小篆) —— 看 (楷书)

"看"字小篆从手下目，或从目執声。统一作"看"。

本义：主动使视线接触客观事物。读作"kàn"。例：看电影；观看；看花。

引申为：

1. 观察，判断。例：看问题；看本质。

2. 对待。例：刮目相看。

3. 料理。例：照看。

4. 诊治。例：看病；看牙。

5. 探望，访问。例：看望；看病人；看朋友。

6. 守护，照管。读作"kān"。例：看护；看门；看孩子。

7. 监视，监管。例：看守。

二、书写技法

1. 第一撇角度很平，和下边的六个横角度平行，距离相等。

2. "手"部的第二撇位置要偏左，"目"部的位置要稍偏右，以达到字形匀称。

三、规范提示

"目"部中间的两个短横只和左侧的竖相连，不和右侧的竖相连。

四、课件参考

画出九条横虚线，以示横向笔画之间距离基本相等。

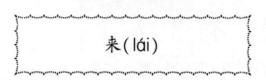

来(lái)

一、字理分析

（简体楷书）

"来"字甲骨文像一株麦之形。

本义：麦子。

假借为：

1. 从别的地方到说话人所在的地方。例：来往；来宾。

2. 发生，来到。例：问题来了。

3. 未来。例：来日；来年。

二、书写技法

1. 横和竖角度垂直，点和第一撇角度对称，第二撇和捺角度对称。

2. 第二横和竖的交点是这个字的中心。

3. 整个字上窄下宽，左小右大。

三、规范提示

1. 不要把竖写成竖钩。

2. 不要把第二撇和捺写成点。

四、课件参考

如下图在第二横和竖的交点画一个白点，引导学生观察，上边的点和撇都指向这个白点，下边的撇和捺都从这个白点起笔，所以这个白点是这个字的中心。

老（lǎo）

一、字理分析

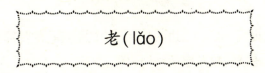

"老"字甲骨文像老者倚杖之形。

本义：年龄大。例：老人；老大爷。

引申为：

1. 老年人。例：敬老院；扶老携幼。

2. 婉辞，指人死（必带"了"）。例：老了人了。

3. 对某些方面富有经验，老练。例：老手。

4. 很久以前就存在的。例：老厂；老脾气。

5. （蔬菜）长得过了适口的时期或食物火候大，或事物变质。例：油菜太老了；鸡蛋煮老了；老化。

6. 副词，意义相当于"很久""经常""很"。例：老好了；老恐怖了。

7. 陈旧。例：老脑筋；老机器。

假借为：

名词的前缀。例：老师；老鼠；老虎。

二、书写技法

1. 横平竖直。

2. 竖的上半部分长，下半部分短。

3. 竖弯钩的起点和上面的竖竖直对齐。

三、规范提示

"匕"部的撇不能出头。

四、课件参考

1. 如下图左图画出虚线，以示上边的竖和下边的竖弯钩的竖部基本对齐。

2. 如下图右图画出虚线，以示字的结构匀称。

第三节　常用字识字教学实践(三)

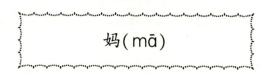

妈(mā)

一、字理分析

媽（繁体楷书）——妈（简体楷书）

从女馬声。类推简化为"妈"。

本义：母亲。例：爹妈；老妈；妈妈。

引申为：

1. 对长辈亲属中已婚女性的称呼。例：大妈；舅妈；姨妈；姑妈。

2. 对年岁大的已婚妇女的尊称。例：老大妈；李大妈。

3. 旧时称老年女仆。例：王妈；张妈。

二、书写技法

1. 左右两部分长度相近，左半部分窄，右半部分宽。

2. 左右两部分联系紧密。

3. 女字旁朝右的笔画(即横、点)缩短。

三、规范提示

1. 第一笔撇点不要写成撇捺。

2. 女字旁的第三笔提右边不出头。

四、课件参考

1. 如下图画出圆圈，以示横变为提后右边不出头。

2. 如下图画出圆形、正方形和三角形，引导学生观察三个图形所指的笔画的长短，进而理解结构的内紧外松和左紧右松。

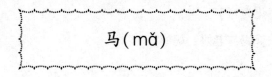

一、字理分析

（甲骨文）—— （金文）—— （籀文） —— （小篆）—— （繁体楷书）—— 马（楷书）

"马"字甲骨文像马之形。简化为"马"。

本义：哺乳动物"马"。例：枣红马；千里马。

引申为：

大。例：马勺；马蜂。

二、书写技法

1. 字的第一个横部的长度是第二个的 0.6 左右。

2. 字的第二个横部和末笔横长度相等。

三、规范提示

竖折折钩的起笔处不与横折相连。

四、课件参考

1. 如下图左图，在字的左右两侧画斜线，这两条斜线角度对称，可以保证字形稳定。

2. 如下图左图，从钩的末端向竖折折钩的左端画一条虚线，这条虚线和横的交点是横的中点，这样可以使字形匀称。

3. 如下图中图，竖折折钩的横部被横折分成 A、B 两段，A 段短，B 段长，即为内紧外松。

4. 如下图右图，画两条虚线，以示"马"字第三笔横和竖折折钩的横部的距离等于它和竖折折钩的钩尖之间的距离。

奶（nǎi）

一、字理分析

奶 或 嫩（繁体楷书）——奶（楷书）

从女乃声。

本义：乳房。

引申为：

1. 乳汁，乳制品。例：喂奶；吃奶；奶粉；奶油。

2. 妇女用乳汁喂养（孩子）。例：奶孩子。

3. 婴儿时期的。例：奶名；奶牙。

二、书写技法

1. 女字旁窄而短，朝右的笔画（横、点）缩短。

2. "乃"部笔画少，所占空间大，为了和女字旁的内部空间达到基本相等，"乃"部要写得小一点。

3. 左右两部分距离较近，联系紧密。

三、规范提示

1. "女"做女字旁后横变为提，而且右边不出头。

2. "乃"部左上是横折折折钩出头，撇不能出头。

四、课件参考

如右图，在字的下边分别画一个圆形、正方形、三角形，引导学生观察，从横向看，处在正方形位置的中间的笔画最短，处在三角形的位置的右边的笔画最长，即字形内紧外松，左紧右松。

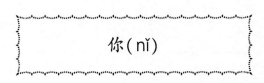

你（nǐ）

一、字理分析

从人从尔。

本义：第二人称代词。例：你们；不分你我。

二、书写技法

1. 单人旁的竖从撇画的中点处起笔，竖是垂露竖。
2. 横钩的起笔处在撇画较低的位置。
3. 左右两个撇画是斜向平行的关系。

三、规范提示

注意竖钩不与横钩相连。

四、课件参考

1. 如下图左图所示，从"尔"部的撇的起点向下画虚线，和竖钩竖直对齐，可以保证重心稳定。

2. 如下图右图所示，从两个点的中点画一条水平线，正好穿过竖钩的中点，这样可以帮助学生把握笔画的相互位置。

3. 如下图左图所示，沿字的上下轮廓各画一条斜线，这两条斜线角度对称，以示字形匀称。

4. 如下图右图所示，从最后一笔点向第一笔撇的起点画一条线，以示最后一笔和第一笔相呼应，即首尾呼应，前后联系。

年(nián)

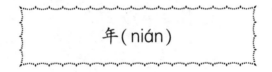

一、字理分析

(甲骨文)——(西周金文)——(小篆)——年(楷书)

“年”字甲骨文像人背禾之形，表示丰年收获之意。

本义：五谷成熟。例：有年。

引申为：

1. 一年中庄稼的收成。例：丰年；年成；歉年。

2. 时间单位。例：今年；闰年。

3. 每年的。例：年会；年鉴。

4. 年龄，岁数。例：年纪；年龄。

5. 一生中按年龄划分的阶段。例：童年；少年；青年；中年；老年。

二、书写技法

1. 撇和水平线的夹角约为45°。

2. 三个横的中点竖直对齐，距离相等。

3. 竖被分成三段，第一段和第二段长度相等，第一、二段之和等于第三段。

4. 第三横被分成三段，第二段短，即为内紧外松。

三、规范提示

第四笔是竖，不要写成点。

四、课件参考

如下图，从竖的第二段的中点画一个白点，这个点就是这个字高度的黄金分割点。

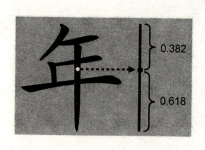

胖（pàng 或 pán）

一、字理分析

胖（小篆）——胖（楷书）

从肉半声。

本义：肉厚，含脂肪多。读作"pàng"。例：肥胖；胖子。

引申为：

宽舒，舒坦。读作"pán"。例：心宽体胖。

二、书写技法

1. 横平竖直，点撇对称。

2. 左半部分窄而短，右半部分宽而长。

三、规范提示

"月"部的两个短横只和左侧的撇相连，不和右侧的竖相连。

四、课件参考

如下图，在"月"部的撇的两个短横之间画一个白点，在"半"部的第一横和竖的交点画一个白点，以示这两个点都是字的高度的黄金分割点。

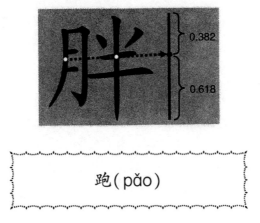

跑（pǎo）

一、字理分析

从足包声。

本义：两只脚或四条腿迅速前进。例：奔跑；赛跑；短跑；飞跑。

引申为：

1. 逃走。例：别让他跑了；跑了和尚跑不了庙。

2. 走。例：跑了几十里路。

3. 为某种事物而奔走。例：跑码头；跑材料；跑买卖。

4. 物体离开应该在的位置。例：跑调儿；跑题。

5. 气体、液体等泄漏或挥发。例：跑油；跑电；跑气。

二、书写技法

1. 左半部分小，右半部分大。

2. 左右两部分联系紧密。

三、规范提示

1. "足"部的末笔是提，不是横。

2. "巳"部不要写成"巳"部。

四、课件参考

如下图标出字的长短比例，以示字高度的黄金分割点所在的位置。

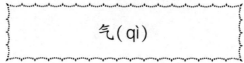

气（qì）

一、字理分析

三（甲骨文）——彗（金文）——彡（小篆）——氣（繁体楷书）——气（简体楷书）

"气"字小篆像云气之形。楷书繁体字写作"氣"，后又简化为"气"。

本义：气体。例：毒气；煤气；沼气。

引申为：

1. 特指空气。例：气压；透气。

2. 气息。例：喘气儿；没气儿。

3. 气味。例：香气；臭气。

4. 人的精神状态。例：勇气；朝气。

二、书写技法

1. 三个横的距离相等，长度不同。

2. 横折斜钩的斜钩部分先竖后弯。

三、规范提示

末笔是横折斜钩，不是横折弯钩。

四、课件参考

如下图标出字的长度比例。横折斜钩的横部在整个字高度的黄金分割点上。

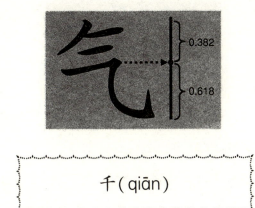

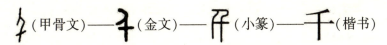

千（qiān）

一、字理分析

$\big\langle$（甲骨文）—— 千（金文）—— 干（小篆）—— 千（楷书）

甲骨文"千"字比甲骨文"人"字多一短横。"千"与"人"古音相近，"人"具有标示读音的作用，短横具有区别作用。

本义：数字，十百为千。例：五千。

引申为：

多。例：千层浪；千方百计；千里之外。

二、书写技法

1. 撇的角度比较平，和横角度平行。

2. 竖穿过横的中点，和横垂直。

3. 横和竖的交点是这个字高度的黄金分割点。

三、规范提示

竖是悬针竖。

四、课件参考

如下图标出字的高度的黄金分割点。

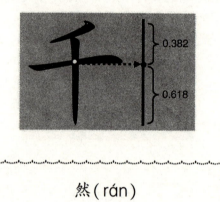

然（rán）

一、字理分析

𤈦 或 𤎩（小篆）——— 然（楷书）

"然"字小篆从火肰声，或从卿鞋。后统一作"然"。

本义：烧。后来写作"燃"。

假借为：

1. 代词，这样，那样。例：使然；不尽然；理所当然。

2. 词的后缀。例：突然；忽然；显然。

3. 连词，表示转折。例：然而。

4. 对，正确。例：不以为然。

二、书写技法

1."夕"部的两个撇角度平行，两个点角度平行。

2."犬"部的撇和捺角度对称。横和撇的交点是这个字的高度的黄金分割点。

3. 四点底的四个点距离相等，处在外部的第一点、第四点长，处在内部的第二点、第三点稍短。

三、规范提示

1. 左上部为"肉"字的变形，不要写成"夕"。

2. 四点底的第一个点是垂点，右上细，左下粗，不要写成撇。

四、课件参考

如下图标出字的高度的黄金分割点。

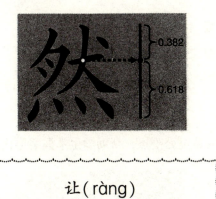

让（ràng）

一、字理分析

讓（小篆）——讓（繁体楷书）——让（简体楷书）

从言襄声。重造简化字"让"。

本义：责备。例：《新唐书·哥舒翰传》："翰以书招诸将，诸将皆让翰不死节"。

引申为：

1. 谦让。例：让步；让路；退让；避让。

2. 把某种政治权利或财产的所有权、使用权转移给别人。例：让位；让贤；割让；出让。

3. 邀请。例：让茶；把客人让进客厅。

4. 容许，使。例：让您久等了；让你去。

5. 表示一种愿望，用于号召。例：让我们荡起双桨。

6. 介词，相当于"被"。例：他让人数落了一顿。

二、书写技法

1. 言字旁略向右倾斜。

2. 左半部分稍小，右半部分稍大。

3. 言字旁的横折提的上沿和"上"部的第一横水平对齐，都处在字高度的黄金分割点上。

三、规范提示

1. 言字旁的横折提不要写成横折折。

2. "上"部的第一横不要写成撇。

四、课件参考

如下图标出字的高度的黄金分割点，帮助学生掌握字形比例。

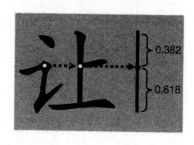

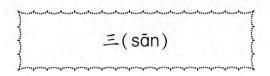

三(sān)

一、字理分析

三(甲骨文)——三(金文)——三(说文古文)——三(小篆)——三(楷书)

原始记数符号用一至四横画表示数字一至四。

本义：数词，二加一的和。例：三十。又表序数第三。例：三级；三哥。

引申为：

1. 泛指多次或数次。例：举一反三；白发三千丈；三思而行。

2. 中国古代哲学概念，表示天、地、人。例：《说文解字·三》："天地人之道也"；三纲五常。

二、书写技法

1. 三个横的中点竖直对齐。

2. 三个横之间的距离相等。

3. 第二横最短，第三横最长，即字形上紧下松，内紧外松。

4. 第一横向下凸，第三横向上凸，显示相互吸引，同时也使字形内紧外松。

三、规范提示

1. 第一横不要写成撇。

2. 三个横的长度比例不要错。

四、课件参考

如右图，在三个横的中点各画一个白点，再画一个箭头，以示三者竖直对齐。

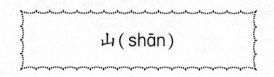

一、字理分析

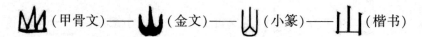

"山"字甲骨文像三座山峰并立。

本义：地面上由土石构成的隆起部分。例：山峰；山清水秀；山区。

引申为：

1. 像山的东西。例：冰山。

2. 比喻声音大。例：山呼万岁；山响。

3. 供蚕吐丝做茧的设备。例：蚕山；蚕上山了。

二、书写技法

1. 先写中竖，从中竖的中点稍偏下的位置写竖折。

2. 从中竖的中点稍偏上的位置写第三笔竖。

3. 三个竖部中左竖最短，中竖最长。

4. 三个竖部的距离接近，但是左紧右松。

三、规范提示

第三笔竖的下边要出头，可使字形左紧右松。

四、课件参考

1. 如下图左图标出竖折的横部的左右两端，可以看出处于左侧的 A 稍短，处于右侧的 B 稍长，即字形左紧右松。

2. 如下图右图所示，从第三笔竖的起笔处画一个箭头，和它水平对齐的是中竖的黄金分割点，也就是这个字高度的黄金分割点，这样可以帮助学生掌握第三笔竖的起笔位置和长度。

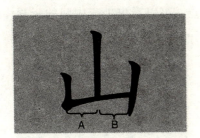
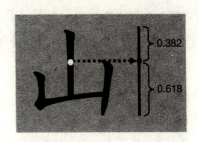

第四节　常用字识字教学实践(四)

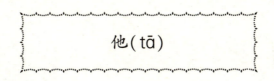

一、字理分析

从人从也。

本义：指示代词，别的。例：他山之石；其他；无他。

引申为：

第三人称代词。例：他们；他的。

二、书写技法

1. 单人旁较窄，"也"部较宽。

2. 左右两部分距离较近。

三、规范提示

单人旁的竖处于字的左侧，要写成垂露竖，不要写成悬针竖。

四、课件参考

1. 如下图左图所示，标出字高度的黄金分割点。

2. 如下图右图所示，标出撇、竖弯钩、竖的起点。可以看出处于中间的竖弯钩的起点最低，即为内紧；而处于两边的撇和竖的起点高，即为外松。

她（tā）

一、字理分析

从女从也。

本义：第三人称代词，指代女性。例：她是我的姐姐。

引申为：

称自己敬爱或珍爱的事物，如祖国、国旗等。例：祖国！她是我们的母亲！

二、书写技法

1. 女字旁稍窄稍短，"也"部稍宽稍长。

2. 左右两部分联系紧密。

3. 指向字的内部的笔画（如女字旁的横的右部、点）缩短，即为内紧，指向外部的笔画（如女字旁的横的左部、撇）伸长，即为外松。

三、规范提示

女字旁的横变为提，右边不出头。

四、课件参考

如下图画出圆形、正方形和三角形，引导学生观察：

1. 正方形标示的笔画处在字的中间，所以比较短；圆形和三角形标示的笔画处在外边，所以比较长。这就是结构的内紧外松。

2. 圆形标示的笔画处在左边，比较短；三角形标示的笔画处在字的右边，笔画比较长。这就是结构的左紧右松。

外（wài）

一、字理分析

卜 或 丫（甲骨文）—— 外（金文）—— 外（爿嘲）—— 外（楷书）

"外"字甲骨文跟"卜"字方向刚好相反，它的特点是指向龟甲或胛骨的"外侧"。后增加"夕"构件。

本义：外边。例：内外；外伤。

引申为：

1. 自己所在地以外的。例：外地；外省。

2. 外国，外国的。例：中外；外文。

3. 称母亲、姐妹或女儿方面的亲戚。例：外甥；外孙。

4. 关系疏远的。例：外人；见外。

二、书写技法

1. 撇和撇角度平行。

2. 点和点角度平行。

3. 撇和点角度对称。

4. 整体上边窄，下边宽，左边短，右边长。

三、规范提示

1. "夕"部的点不能出头。

2. 竖要写成垂露竖，不要写出尖儿。

3. "卜"部的点和竖相连，而不是相交。

四、课件参考

如下图，从第一点的起点到第二点的中点画一个箭头，这条线就处于字的高度的黄金分割点上。

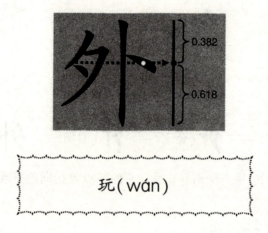

玩（wán）

一、字理分析

玩 或玩賧（小篆）——玩（楷书）

"玩"字小篆从玉元声，或从贝元声。统一作"玩"。

本义：拿在手里摆弄。

引申为：

1. 供观赏之物。例：古玩；玩好；珍玩。

2. 观赏，欣赏。例：游山玩水；游玩。

3. 体味，研习。例：玩味；细玩文意。

4. 以不严肃、不认真的态度对待。例：玩世不恭；玩忽职守。

5. 要弄。例：玩花招；玩手段。

6. 游戏，玩耍。例：玩得高兴。

7. 进行某种文体活动。例：玩牌；玩球。

二、书写技法

1. 左半部分稍窄稍短，右半部分稍宽稍长。

2. 左右两部分联系紧密。

三、规范提示

左半部分的末笔变为提。

四、课件参考

如下图，左半部分的第二横和竖的交点、右半部分撇和横的连点都处于字的高度的黄金分割点，也就是中间偏上的位置。

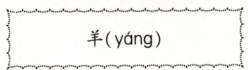

羊（yáng）

一、字理分析

Ψ（甲骨文）—— $\curlyvee$（金文）—— 羊（小篆）—— 羊（楷书）

"羊"字甲骨文像羊头之形。

本义：羊。例：山羊；绵羊；羚羊。

二、书写技法

1. 点和撇角度对称，点稍短，撇稍长。

2. 横中间的距离相等，中点竖直对齐，第二横最短，第三横最长。

三、规范提示

"羊"字的前五笔只有撇一个笔画是动态的出尖儿的笔画，所以最后一笔竖用悬针竖写法，以产生动静、收放对比。

四、课件参考

1. 如下图在字的左右轮廓各画上一条虚线，以示字形上紧下松，左右对称。

2. 如下图标出字的高度的黄金分割点。

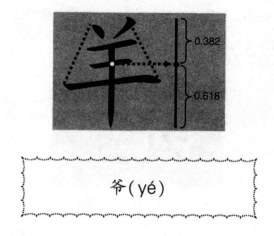

爷(yé)

一、字理分析

爺(繁体楷书)——爷(简体楷书)

从父耶声。简化为"爷"。

本义：父亲。例：爷娘。

引申为：

1. 祖父。例：爷爷；舅爷。

2. 对于父辈或老年男子的尊称。例：老大爷；李爷爷。

3. 旧时对主人或尊贵者的称呼。例：县太爷；少爷；老爷。

二、书写技法

1. 撇和点角度对称。

2. 撇和捺角度对称。

3. 横折钩的横和撇、捺的末端对齐。

三、规范提示

1. 最上边是八字头，不要写成人字头。

2. 下半部分和硬耳刀"阝"不同。

四、课件参考

如下图在横折钩和竖的连点画一个白点，这个白点就是字的高度的中心。

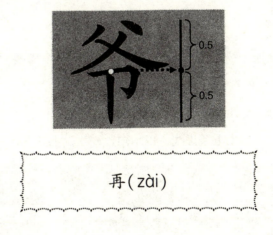

再(zài)

一、字理分析

![甲骨文—金文—小篆—楷书] （甲骨文）——（金文）——（小篆）——（楷书）

"再"字甲骨文和金文由"鱼"和"二"两个构件组成，构意为两条鱼。

本义：数词，两次；第二次。例：《史记·孙子吴起列传》："而田忌一不胜而再胜"；《左传·庄公十年》："一鼓作气，再而衰，三而竭"。

引申为：

1. 重复，继续，又一次。例：再版；再接再厉；再见；再三。

2. 表示一个动作发生在另一个动作之后。例：吃完饭再走。

二、书写技法

1. 横平竖直，横竖垂直。

2. 横之间的距离基本相等。

3. 四个横中处于字的内部的第二、第三横短，处在下面的第四横最长，这是内紧外松、上紧下松结构规律的体现。

4. 三个竖的距离也基本相等。

三、规范提示

中间的短横和左右两边都不相连。

四、课件参考

1. 如下图左图，在四个横的中点画上白点，以示这四个横的中点竖直对齐。第三横和竖的交点是这个字高度的黄金分割点。

2. 如下图中图所示，标出五条虚线，以示内紧外松。

3. 如下图右图所示，标出五条虚线，以示内紧外松、上紧下松。

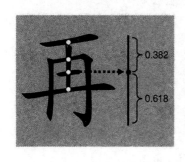  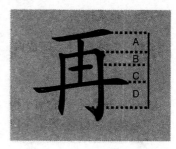

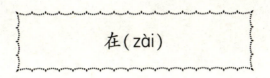

一、字理分析

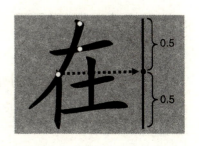

"在"字甲骨文、金文借用"才"字，到小篆增加表义构件"土"成为从土才声的形声字。变异为"在"。

本义：在，存在。例：父母健在；在世；人在阵地在。

引申为：

1. 处在某个地点或位置。例：在场；在座；在教室。

2. 留在，属于。例：在职；在位；在野。

3. 在于，取决于。例：谋事在人，成事在天；事在人为；贵在坚持。

4. 副词，正在。例：他在看书；红旗在飘扬。

5. 介词，引进动作行为的有关时间、处所、范围和条件等。例：在教室看书。

二、书写技法

1. 第一横稍长。

2. 撇从第一横的中点的正上方起笔。

3. "土"部竖的上下两部分长度相等。

三、规范提示

最偏下的笔画是第一竖，不是第三横。

四、课件参考

1. 如右图，撇的起点和第一横的中点竖直对齐。

2. 引导学生观察，撇和左边的竖的交点是这个字高度的中点。

早（zǎo）

一、字理分析

旱（小篆）——早（楷书）

从日在甲上。变异为"早"。

本义：早晨。例：起早；清早；早饭；早市。

引申为：

1. 比某一时间靠前。例：早走半小时；早来 10 分钟。

2. 副词，表示很久以前。例：早就知道了；早就解决了。

3. 时间靠前的。例：早期；早年；早春；早稻。

4. 早晨见面时互相问候的话。例：您早！

二、书写技法

1. 第一、第三、第四横的中点竖直对齐。

2. 四个横之间距离相等，其中第二、第三横短，第四横最长。

3. "日"部上边宽，下边窄。

4. 末笔竖上半部分短，下半部分长。

三、规范提示

1. "日"部中间的短横只和左侧的竖相连，不和右侧的竖相连。

2. 末笔写成悬针竖。

四、课件参考

如右图画三个白点，并引导学生观察它们竖直对
齐。第三个白点是这个字的高度的中点。

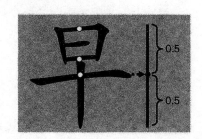

参考文献

[1] 许慎撰，徐铉杨校. 说文解字[M]. 北京：中华书局，1963.

[2] 陈梦家. 中国文字学[M]. 北京：中华书局，2006.

[3] 唐兰. 古文字学导论[M]. 上海：上海古籍出版社，2016.

[4] 王凤阳. 汉字学[M]. 长春：吉林文史出版社，1989.

[5] 王宁. 汉字构形学导论[M]. 北京：商务印书馆，2021.

[6] 季旭昇. 说文新证[M]. 福州：福建人民出版社，2010.

[7] 李运富. 汉字学新论[M]. 北京：北京师范大学出版社，2012.

[8] 李荣. 文字问题[M]. （修订本）北京：商务印书馆，2012.

[9] 曾良. 俗字及古籍文字通例研究[M]. 南昌：百花洲文艺出版社，2006.

[10] 郑贤章. 汉文佛典疑难俗字汇释与研究[M]. 成都：巴蜀书社，2016.

[11] 苏培成. 现代汉字学纲要（第3版）[M]. 北京：商务印书馆，2014.

[12] 王赟. 文化视野下小学语文识字授课论述[J]. 新作文，2023(06)：95-96.

[13] 陈瑶婷. 文化发展背景下的小学语文识字教学思考[J]. 小学生（上旬刊），2023
    (02)：142-144.

[14] 刘玉琴. 低年级识字教学的有效策略[J]. 语文世界（小学生之窗），2023(02)：51.

[15] 周易. 小学语文趣味识字教学策略探究[J]. 新校园，2023(01)：54-56.

[16] 许春梅. 授之以渔，快乐识字——例谈小学低年级语文识字教学策略[C]//. 广东
    省教师继续教育学会第六届教学研讨会论文集（一），2023：1652-1654.

[17] 周燕青. 小学语文教学中培养学生识字能力的体验与思考[J]. 语文世界（教师之

窗），2023(01)：77-78.

[18] 邵秋芹. 汉字文化融入小学低段语文识字教学的策略研究[C]//. 中小幼教师新时期第四届"教育教学与创新研究"论坛论文集(一)，2022：103-105.

[19] 张锋虎. 趣味识字教学措施在小学语文教学中的应用分析[C]//. "行知纵横"教育与教学研究论坛(第八期)论文集，2022：151-158.

[20] 岳文凤. 小学语文识字教学工作现状及优化措施[C]//. 对接京津——新的时代基础教育论文集，2022：711-714.

[21] 王霞. 识字遵斯理，写字得新法——小学语文识字写字教学的新尝试[J]. 安徽教育科研，2022(34)：119-122.

[22] 卢燕. 小学语文教学中应用趣味识字法的实践探究[J]. 读写算，2022(34)：93-95.

[23] 罗惠. 小学语文识字教学有效性的提升策略[C]//. 对接京津——社会形态基础教育论文集，2022：1827-1829.